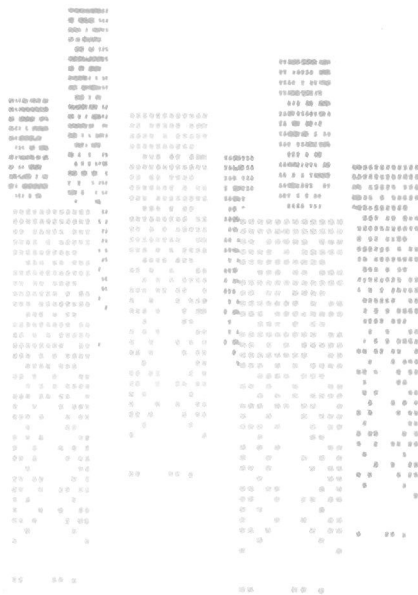

市场分割条件下

中国企业横向整合战略选择、管理模式与绩效的关系研究

——以2014年以前中国市场分割性为例

罗芳◎著

九州出版社
JIUZHOUPRESS

图书在版编目（CIP）数据

市场分割条件下中国企业横向整合战略选择、管理模
式与绩效的关系研究：以 2014 年以前中国市场分割性为
例 / 罗芳著 . -- 北京：九州出版社，2022.11

　　ISBN 978-7-5225-1251-8

　　Ⅰ. ①市… Ⅱ. ①罗… Ⅲ. ①企业管理－市场管理－
研究－中国 Ⅳ. ① F279.23

中国版本图书馆 CIP 数据核字（2022）第 189397 号

市场分割条件下中国企业横向整合战略选择、管理模式与绩效的关系研究：以 2014 年以前中国市场分割性为例

作　　者　罗　芳著

责任编辑　陈春玲

出版发行　九州出版社

地　　址　北京市西城区阜外大街甲 35 号（100037）

发行电话　（010）68992190/3/5/6

网　　址　www.jiuzhoupress.com

印　　刷　武汉市籍缘印刷厂

开　　本　710 毫米 ×1000 毫米　16 开

印　　张　14.75

字　　数　218 千字

版　　次　2022 年 11 月第 1 版

印　　次　2022 年 11 月第 1 次印刷

书　　号　ISBN 978-7-5225-1251-8

定　　价　68.00 元

　　本著作受佛山科学技术学院高水平理工科大学建设专项资金、广东省社会科学研究基地"创新与经济转型升级研究中心"资助；同时也受广东省哲学社会科学"十三五"规划学科共建项目："一带一路"背景下广东省民营企业国际化战略选择、管理模式与绩效的关系研究（GD17XGL27）资助。

前　言

　　面对经济全球化所带来的竞争格局的变化以及中国市场分割性的制约，中国本土企业急需通过整合国内市场，做强主业，提升国内市场竞争力，实现从"做大做强"到"做强做大"的转变。针对中国少数世界级企业（譬如，中集集团）的案例研究表明，实现这个目的的最佳途径就是实施横向整合战略提升企业在其主业上的国内市场占有率，进一步从成本和创新两个方面构建国际竞争力。于是，横向整合战略作为中国企业在经济全球化和市场分割性的双重背景下的重要成长战略，受到了国内外学者的广泛关注。然而，在中国当前的市场条件下、究竟哪种横向整合战略更适合中国企业成长，或者说在什么样的内外部条件下，选择什么样的横向整合战略更能够促进企业绩效？这些问题成为理论界和实务界高度关注并亟待解决的问题。

　　本研究借鉴国内外学者的研究成果，结合中国企业的具体情境和实践摸索，引入 IR（整合—响应）范式研究中国企业对国内市场的横向整合战略，并基于制度基础观与资源基础观，将环境层面和组织层面的影响因素整合起来，探讨在中国市场分割性的情境下，横向整合战略选择（一体化—地方化）对企业绩效的影响关系与作用机理。本书以 129 家基于主业在省外设立分支机构（分公司、子公司等）的企业为研究对象，通过问卷调查获得了相应的数据资料，运用多元回归的分析方法，本书得出以下几个结论：（1）中国企业在对国内市场开展横向整合的过程中，无论是实施一体化战略还是地方化战略，对企业绩效都起到正面影响。（2）管理模式对横向整合战略选择与企业绩效关系的调节作用显著。（3）制度距离对全国一体化战略与绩效之间的关系起到负向调节作用，对地方化战略与绩效之间的关

1

系起的调节作用不显著。

　　本研究所得结论有以下三个方面的创新点和贡献：第一，理论创新：搭建制度情境与组织情境下的横向整合战略对企业绩效的影响作用框架，贡献于横向整合战略文献。第二，研究情境创新：关注中国市场分割这一重要的制度情境，以及管理模式这一重要的组织情境，提出制度距离和管理模式各维度对于战略选择与绩效之间关系的影响作用，贡献于制度基础观理论与权变理论。第三，研究方法创新：提出横向整合战略、管理模式等核心构念的操作定义与测量，为未来进一步研究提供了坚实的基础。另外，本书的研究结论对中国企业横向整合国内市场的管理实践和政府政策制定具有一定的借鉴和指导作用。

目　录

第1章 绪 论

1.1 研究背景

1.1.1 现实背景

改革开放以来，经济全球化和经济转型一直是推动中国企业主要经营环境发展变化的主要推动力。随着中国加入 WTO、对外开放程度的不断提高导致跨国公司进入中国市场的步伐明显加快，"国内市场国际化，国际市场国内化"的趋势日益明显。跨国公司抢滩中国市场，结合自身所有权优势与中国的区位优势，迅速弥补了其原有的成本劣势并加快了对中国市场的占有，对中国本土企业构成了强大的竞争（刘刚，李峰，2008；蓝海林，皮圣雷，2011）。面对跨国公司咄咄逼人的攻势，中国内向型企业和外向型企业的成本优势都在下降，且创新能力无法及时提升，在与跨国公司的竞争互动中缺乏制衡能力，同时在国内市场的持续发展亦面临严峻挑战。面对跨国公司在国内、国际市场的强势竞争，如何提升中国企业的国际竞争力，成为摆在中国企业和政府面前的一个亟待解决的重要问题。

中国的市场分割性，是中国经济转型中制度安排的结果。中国的经济转型主要是以渐进式而不是激进式的方式推动中国经济从计划经济向市场经济转变，在这个过程中，中国政府对各地方政府采取了放权式改革，赋予地方政府更大的经济管理权限，地方政府突破原有制度的行为受到默许甚至鼓励，这进一步导致各区域差异和市场分割程度的扩大。然而，中国经济转型的渐进性和区域发展的不平衡，各省市、区域进行经济转型的时间先后不同，导致经济发展程度差异巨大，广东、上海等沿海地区最先进行经济改革，接着政府又先后提出了西部大开发、振兴东北老工业基地、中部崛起等政策，一系列重大改革政策的逐步推进导致中国市场被分割成越来越多的"小市场",各地方政府在其管辖的地区范围内,设置各种产业壁垒以保护产生租金的企业。市场分割性的存在,为中国企业在国内市场的整合及孕育在行业内具有影响力的大企业带来了巨大的困难。

尽管学术界关于中国国内市场是逐渐走向统一还是市场分割性不断加剧还是一个比较有争议的话题,实务界已经充分认识到市场分割对影响企业战略选择及绩效的重要性。由3545位中国企业家参与的"2013年中国企业经营者问卷跟踪调查报告"的内容显示(如表1-1所示),我国企业家对与市场化相关的各项改革(包括优化公平竞争的市场环境、简政放权、推动民间资本有效进入金融、能源、铁路、电信等领域)的政策评价值均较低,且接受调查的企业家普遍认为与市场化相关的改革迫切性和难度都较大。[①]该组数据说明,我国的市场化建设与改革仍然处于较低的水平,到2013年,企业界对进一步建设开放化市场的需求迫切,也进一步说明,在较长一段时间内,市场分割性仍然是我国企业经营中所面临的主要情境。

表1-1 2013年中国企业家调查系统的调查结果

与市场化建设相关的各项改革	有关改革和相关政策的评价	改革迫切性(%)	改革难度(%)
优化公平竞争的市场环境	2.0	59.5	59.2
简政放权	2.3	58.3	62.1
推动民间资本有效进入金融、能源、铁路、电信等领域	1.9	34.2	35.7

注:1.评价值最高为4分,最低为1分,分值越高,表示该项改革成效越大,反之则越小。
2.根据"2013年中国企业经营者问卷跟踪调查报告"整理。

[①] http://www.transbit.cn/newsshow-21-7-1.html,"中国企业家调查系统"发布《企业经营者对宏观形势及企业经营状况的判断、问题和建议2013年中国企业经营者问卷跟踪调查报告》。

面临经济全球化所带来的冲击与市场分割性的制约，中国企业的经营实践及对中国企业家的深度调查发现，为应对经济全球化的冲击，有48.4%的企业选择了"开发国内市场"，32%的企业选择"收缩非核心业务，确保有足够的资金和资源"。且大部分企业经营者认为"国内市场需求的增长"是中国企业未来3～5年所面临的主要外部机遇（中国企业家调查系统，2010）。于是，在国内市场开展基于主业的跨区域扩张战略，即横向整合，就成了中国企业当前提升国际竞争力、发展"世界级"企业的最佳战略（蓝海林，李铁瑛，黄嫚丽，2011）。

然而，中国市场分割性的存在也为我国实施横向整合战略的企业带来一系列的阻碍与制约。市场分割使企业在国内异地市场销售产品时面临较高的一次性进入成本。这种进入成本甚至要比进入国外市场还高，导致大部分企业宁愿选择出口（朱希伟，金祥荣，罗德明，2005），也不愿意拓展国内市场。能够冒险进行国内市场整合的企业，在其战略选择及实施过程又不可避免地受到市场分割的干扰。一方面表现为，受到市场分割性的限制，企业在战略选择上表现出"扭曲"，企业本身所处的行业具有较高的全国整合潜力，原本适合采取全国化战略，却为了突破区域市场分割的限制而采取本地化战略，更加注重区域分支机构的运营活动的灵活性，与获得规模经济和范围经济相比，更加重视地方响应能力的提高。另一方面，为了排除国内市场分割性的影响，实施横向整合战略的企业在管理模式上还要做出适当的"变通"：实施全国化战略的企业，按照分公司的方式运作独立法人企业，这样既可以享受地方政府的优惠又可以减少牺牲全国整合效益；而实施本地化战略的企业，则可能要按照独立法人企业的方式运作分公司，旨在突破市场进入障碍的同时有效规避跨区域经营中的风险。

从中国企业横向整合国内市场的实践来看，大量企业整合国内市场的尝试都失败了，只有极少数企业（譬如，中集、海尔、华为等）能够突破市场分割性的制约成功开拓和整合国内市场，成为具备国际竞争力的世界级企业。于是，我们不禁产生如下疑问：（1）中国企业的横向整合战略选择是否有助于企业绩效的提升？（2）市场分割性对企业横向整合战略选择及实施起到了怎样的影响作用？（3）如何从企业内部管理模式的调整来确保横向整合战略的成功实施？这些问题的解答对于我国企业如何突破市场分割性的制约从而在国内市场成功实施横向整合战略具有重要的现实意义，也是当前中国企业迫切需要解决的重大实际问题。

1.1.2 理论背景

面对经济全球化所带来的竞争格局的变化以及中国市场分割性的制约，中国本土企业急需通过整合国内市场，做强主业，提升国内市场竞争力，实现从"做大做强"到"做强做大"的转变。针对中国少数世界级企业（譬如中集集团）的案例研究表明，实现这个目的的最佳途径就是实施横向整合战略提升企业在其主业上的国内市场占有率，进一步从成本和创新两个方面构建国际竞争力。于是，横向整合战略作为中国企业在经济全球化和市场分割性的双重背景下的重要成长战略，受到了国内外学者的广泛关注。市场分割性的存在，促使企业在国内市场整合所面临的难度甚至不亚于国际市场整合。因此，国内一部分学者开始提出，可以将国内市场视为若干个"小市场"的集合（蓝海林，2014），企业在国内市场进行横向整合可以借鉴国际市场整合的思维和研究范式。由此，当前急需回答的一个重大的实践和理论问题就是中国企业是否需要和如何运用国际化战略思维去有效开拓、整合和利用国内市场。

尽管已有学者在研究中指出，中国企业横向整合国内市场的战略选择可以借鉴国际化战略选择的 IR（整合—响应）范式，并指出对国内市场的横向整合战略可能存在两种截然不同的战略选择：以一体化（或整合）为主导的全国化战略与以地方化（或响应）为主导的本地化战略（乐琦，2014；蓝海林，2014）。然而引入 IR 范式来解释中国企业对国内市场的整合行为还未得到实证检验以及系统研究。同时，从现有的有关 IR 范式的文献来看，一方面，理论界充分肯定了 IR 框架的理论价值和意义，IR 框架为学者们研究跨国公司的跨国经营战略及其对绩效的影响提供了一种规范的研究范式，但迄今为止，IR 框架依旧无法解释整合（国际化）战略选择与跨区域经营成败之间的关系，理论界迫切需要对这一难题做出回答；另一方面，当前学者们对全球一体化程度、地方化程度与企业绩效的实证研究相对较少，且研究结论争议较大。此外，已有的有关 GI-LR（全球整合—地方响应）模型的研究都是来自发达国家的证据，一部分学者已经开始注意到研究来自新兴经济体（尤其是中国）的跨国公司面对全球整合和地方响应两方面需求的国际化战略选择，IR 范式对于新兴经济体国家情境的解释力有待于检验。

关于"横向整合是否能带来企业绩效的提升"这一问题，产业基础观的解释是，企业所处行业的全球化潜力或全国化潜力决定了企业在全球市场或中国国内市场是采取一体化战略还是地方化战略，且行业的全球化潜力或全国化潜力与企业整合国际市场或国内市场的战略选择的匹配共同影响了企业绩效。在国际化领域对伊普（Yip，1989，1991）提出的行业全球潜力模型的讨论和应用已经十分丰富，众多学者针对特定行业的全球化潜力与跨国公司的全球化战略展开了充分的讨论。但这部分研究大多数只关注全球一体化战略，而对地方化战略的关注较少，研究结论比较单一。国内学者则通常将行业的全国化潜力作为战略选择的前因变量，研究行业特征对横向整合拓展战略选择的影响。

制度基础观对这一问题的回答是，对中国企业有效实施横向整合战略起主导作用的并不是上述市场因素，而是影响市场结构、市场机制和企业行为的制度因素。中国企业在实施横向整合战略的过程中，面临的市场环境中存在多个在消费者收入、消费者需求和市场成熟程度差异均较大的区域小市场，这些差异会阻碍横向整合战略的实施。并且针对伊普的全球化潜力模型对跨国公司整合全球市场战略选择的研究，制度基础观的学者也给出了质疑。罗斯·莫里森（1990）认为"全球化"产业这个词从制定企业战略的角度来看，可能太过于笼统。事实上，即使是在同样的全球化产业背景下，战略性基础设施（strategic infrastructures）大致相同的企业经常表现出不同的竞争策略。古德勒姆（1999）等则直接指明，企业所嵌入的国家文化和制度因素的决定因素比企业本身所嵌入的情境（企业规模、产业结构等）的决定因素更有影响力。

资源基础观的学者则认为，企业自身的资源（包括有形资源和无形资源）对企业横向整合的战略选择及绩效起决定性作用。早期的研究大多关注有形资源（即物质资源，包括厂房、设备、资金、土地等）对战略的影响，而后逐渐有学者提出企业的无形资源（包括品牌、企业传统、制度安排等）对战略选择及绩效的影响也应该引起重视。在国际化领域，有学者指出，跨国公司进行全球扩张并取得成功的能力受限于管理传统（administrative heritage），即组织能力和内部架构（internal infrastructure）（巴特利特，戈沙尔，1988）。李海舰、原磊（2005）认为企业管理传统是企业中最无可替代的资源，胡雅静（2011）则指出企业的管理传统包括成长路径、战略思维模式和管理模式等，都是影响企业战略及绩效的重要因素。并且企业所处环境的动态性越强，管理传统对企业战略选择及绩效的影响越大。总体来看，目前针对中国企业横向整合管理模式的研究目前仅得到了少量国内学者的关注，对管理模式的定义、维度界定都还处于概念的摸索阶段，迫切需要进一步实证研究的检验和支持。

因此，根据现有研究存在的不足和局限性，本研究试图引入国际化领域的 IR 范式来解释市场分割性情境下的中国企业在国内市场开展横向整合战略选择，同时整合制度基础观与资源基础观，从环境层面的制度因素与组织层面的管理模式综合考虑横向整合战略选择与绩效的关系。

1.2 研究问题的提出

市场分割性的存在，阻碍了中国企业有效实施横向整合战略和提升国际竞争力（蓝海林，2011），迫使众多学者认识到需要用整合国际市场的思维和研究范式来研究国内市场整合，但国内学者尚且没有在这方面展开丰富的理论探讨和实证研究。从中国企业的横向整合实践来看，处于经济全球化和市场分割性双重条件下的中国企业，在对国内市场进行横向整合的过程中，存在两种战略导向：追求全国整合或者追求地方响应（叶广宇，2010）。虽然已有学者指出，横向整合管理模式与横向整合战略的匹配程度是决定转型期我国企业整合国内市场成功与否的关键因素（李铁瑛，2011），但目前鲜有研究关注横向整合战略选择、管理模式与企业绩效的关系。因此，我们有必要对这一问题做出回答。因此，本书引入 IR 模型来探讨中国企业的横向整合战略与企业绩效的关系，并探讨以下问题：

（1）在中国企业实施横向整合战略的过程中，实施全国一体化战略与地方化战略分别对企业绩效起着怎样的影响作用。

借鉴企业在国际市场进行整合的过程中所面临的全球一体化和地方化两种压力，并由此决定了跨国公司的三种国际化战略选择：如果跨国公司面临的全球一体化压力（譬如降低成本的意愿）较大并且来自东道国的地方化响应的压力较小，那么全球化战略就是与其国际化运营更匹配的战略选择；如果跨国公司面临的全球一体化压力较小，而来自东道国的地方化响应的压力较大，那么本地化战略就是与其国际化运营更匹配的战略选择；而当跨国公司既面临较大程度的全球整合压力，又面临较大程度来自东道国的地方响应压力，那么跨国化战略就是与其国际化运营更匹配的战略选择。这是根据 IR 模型对国际化战略选择给出的解释，但 IR 模型并不能解释企业为何做出这种选择，即在什么样的情境下，企业选择什么样的战略，其绩效表现更好。这个问题有待于进一步研究。具体来说就是，我们首先需要回答，企业对全球一体化压力的回应（全球一体化程度）与地方化压力的回应（地方化程度）分别对企业绩效起着怎么样的影响作用；然后，进一步探讨这二者之间的关系受到哪些内外部环境的影响。

中国市场所面临的经济全球化与市场分割性的双重条件，为研究企业对整合与地方响应的压力的回应与绩效的关系提供了一个非常好的情境。因此，本研究引入 IR 模型的相关研究来诠释中国企业的不同的横向整合战略选择与企业绩效之间的关系。

（2）中国企业实施横向整合的过程中，市场分割对横向整合战略选择与企业绩效之间的关系起着怎样的影响作用（调节作用）。

目前国内外学者有关 IR 模型的研究中，并未指明国际化战略选择与企业绩效之间的关系，可能是没有考虑企业跨国运营所面临的情境因素。东道国国家环境要素是影响跨国公司在国际市场整合战略成功的关键因素，而已有学者指出，以中国为代表的新兴经济体的国家制度环境（包括正式制度与非正式制度）显著影响了企业（包括本土企业和外国企业）的战略选择及绩效表现。因此，本研究关注中国的国家制度环境对横向整合企业的战略选择与企业绩效之间的关系的影响作用。中国的经济体制改革，从本质上来说就是一个制度转型的过程，在这一过程中，各类市场的发育程度、政府机构的改革和法律中介制度的完善都会在一定程度上影响企业的战略选择及其绩效表现。因此，中国市场分割性对中国企业微观经营行为的影响，实质上就是一种制度的影响。因此，作为第一研究问题的递进，这个问题的研究作为 IR 模型理论研究的延伸，结合中国现阶段的特殊环境，探讨中国的市场分割性对横向整合战略选择（全国整合程度与地方响应程度）与企业绩效之间关系的调节作用。

（3）企业的管理模式对横向整合战略选择与企业绩效之间的关系起着怎样的影响作用（调节作用）。

我国处于经济转型期，企业在国内市场的横向整合行为受到特殊的制度环境和双重市场环境的复杂影响，一方面表现为应该选择何种横向整合战略，另一方面表现为应该选择何种管理模式。在国内市场实施横向整合成功与否的关键是由横向整合管理模式与横向整合战略的匹配程度决定的。因此，企业横向整合的管理模式影响了横向整合战略与企业绩效之间的关系，但是，当前国内外学者对横向整合战略过程中管理模式的研究并没有给予足够的关注，本书试图理清中国企业横向整合管理模式的具体内容，并进一步深入探讨横向整合管理模式如何影响横向整合战略与企业绩效之间的关系。

1.3 关键概念界定

1.3.1 横向整合

"整合（Integration）"的概念最早由福利特（1933）提出，随后在企业界和学术界得到了广泛的推广和关注。随着现代管理理念，尤其是企业战略管理理论的引入，"整合"作为一个战略管理的概念开始在国内使用。国内部分学者也将"Integration"译为"一体化"（马洪，1999；霍沛军等，2002；李青原，唐建新，2010）。迄今为止，学术界对"整合"和"一体化"的概念还缺乏明确的区分与界定。

由于"整合"这个概念的提出与打破或者跨越组织内部和外部的边界相关，我们可以将"整合"大体上划分为"外部整合"或"外部一体化"与"内部整合"或"内部一体化"。外部整合，即打破或跨越企业组织的外部边界，用各种形式和方式将企业的边界扩大（包括横向扩大和纵向扩大）。譬如，芮明杰（2006）提出纵向整合是产业链上的企业能够直接或者间接控制链上其他企业的决策使其产生可期望的协作行为；皮圣雷（2013）将横向整合定义为在单一行业中，在既有的价值链基础上，企业通过自建和购并等方式实施跨越市场区域的整合战略行为。内部整合，即打破或跨越企业内部各个单位或者部门之间的边界，通过结构、机制和文化调整来提升整个组织的资源共享与综合协调。譬如，劳伦斯和洛尔施（1967）将整合定义为组织在完成任务的过程中使得各子系统的努力达到统一的过程。由于外部整合所涉及的资产大、实现周期长、调整难度大，学术界一般将企业外部整合纳入战略管理的研究范畴；而内部整合并未打破或跨越企业边界，一般被归为企业管理的研究范畴。

从上述"整合"的分类来看，横向整合可能存在两种理解：一种是打破企业外部边界的横向整合，另一种是跨越企业内部边界的横向整合。在实际应用中，学者们并未严格区分其所研究的"横向整合"是特指企业外部横向整合，还是企业内部横向整合。譬如，陈建安、胡蓓（2007）

在其研究中指出，"横向整合"是指企业内部业务单位之间的信息沟通、资源共享、协作配合的程度。帕特里克·R·帕森斯（2003）在《有线电视产业的横向整合：历史与情境》一文中，指出横向整合是指兼并、收购市场中的其他相似企业以维持企业成长，提高生产效率和加速产业发展。诸如此类的争议还有很多，因此，需要特别说明的一点是，本书所研究的"横向整合战略"属于企业外部整合的范畴。

将"横向整合"归入企业外部整合的研究范畴，根据外部整合所包括的内容，不可避免的是要区分产业整合与横向整合这两个密切联系的概念。"产业整合"在外文文献中通常被译为 Industry Consolidation，维基百科中对 Consolidation 的经济学解释是许多小公司通过并购成为较大规模的公司。从这个意义上来看，产业整合（Industry Consolidation）与企业合并（Combination）更为接近，而合并（Combination）则被认为是整合中最极端的形式（芮明杰，刘明宇，2006）。进一步从概念的界定上来看，贝恩（1912）指出，产业整合的实质是以企业为主体，以产业为框架的市场整合，主要内容包括企业层次的分工协作、部门和产业层次的分工协作以及区域层次的分工协作等。伯杰（2000）认为，产业整合的形式有两种：一是通过组织间的并购、自组织的规模扩张以及对生产和系统的重新组合等方式；二是与产业结构的调整伴随发生。中国学者郭新兴（2010）认为，对于中国市场而言，产业整合是一个双层面的概念：一个层面是从中观视角——产业发展的角度来看，实现产业优化、升级和资源重组的过程就是产业演进；另一个层面是从微观视角——企业发展的角度来看，产业整合是产业演进过程中企业战略的一种选择，可以促进企业内部各项资源的整合。并在研究中进一步指出，将这两个层面结合起来，是对我国产业整合的一种较为全面的理解。横向整合是产业整合的一种类型，与纵向整合一起都是产业整合的常见形式。横向整合（Horizontal Integration）又称为"横向一体化"。目前已有文献对于"横向整合"概念的认识和定义具有代表性的主要有以下几种观点：

　　企业实施横向整合战略旨在依靠市场规模的扩大，最大限度地获得各个方面的规模经济和范围经济效益。因此，"横向整合"的概念最早可以追溯到马歇尔（1938）在《经济学原理》中对于规模经济的论述：由于企业扩大其不动产而获得了种种新的大规模生产经济，从而以相对低廉的成本增加了产量，从而导致报酬递增。马歇尔认为企业追求规模经济是效率使然，其结果是大企业支配地位的增强。乔治·斯蒂格勒（1968）依据效率理论指出，集中度较高的市场中的大厂商一般具有较高的效率，而产生较高效率的主要原因在于大规模生产而导致的规模经济、先进的技术和生产设备、完善的厂商内部组织和管理制度等（臧旭恒，徐向艺，杨蕙馨，2005）。在古典经济学领域，横向整合被视为由于生产成本降低、管理效率提高所体现出的规模经济效益。

　　横向整合的常见形式是横向并购，国外学者在研究中经常以"横向并购"替代"横向整合"。帕特里克·r·帕森斯（2003）在《有线电视行业的横向整合：历史与情境》一文中，指出横向整合是兼并、收购市场中的其他相似企业以维持企业成长，提高生产效率和加速产业发展。卡伊和小原（2009）在其公司声誉与横向整合的关系研究中，仍然以横向并购代替了横向整合。伊姆蒂亚兹（2012）等在对巴基斯坦30家纺织企业的横向整合和纵向整合的研究对比中也采用了类似的定义，并指出横向整合是该行业在当今宏微观环境下获得成功的重要途径，横向整合促使纺织品企业降低生产成本（规模经济）和扩大产出。

　　与西方学者不同的是，对应于中国特殊的市场情境，中国学者对横向整合赋予了新的意义。除了横向并购，中国企业横向整合的形式实际上还包括新建和联盟。李铁瑛（2011）在对中国企业的横向整合管理模式的研究中指出，横向整合是指企业在扩大国内经营市场的过程中，通过新建、购并和战略联盟的方式进一步扩大其经营活动的范围，并采取以产权或者合同的方式对这些新的经营单位实现控制和整合。乔金晶（2011）在《横向整合企业总部价值创造》一文中认为，高度的横向整合行为，包括跨区域的投资并购等，指企业在其他区域建立新的企业或收购兼并其他企业，通过跨区域市场整合和管理实现规模经济、范围效益，同时增加市场控制力，降低交易费用。皮圣雷（2013）在对转型期中国横向整合企业的动态竞争策略与管理模式研究中指出，企业的横向整合指在单一行业中，企业通过自建和购并的方式实施跨越中国国内区域市场的整合战略行为，并且在这个过程中企业原有的价值链不会发生改变。

在上述文献梳理的基础上，我们可以得出中西方学者对横向整合概念的研究差异主要体现在三方面：（1）西方学者所定义的横向整合就是产业横向整合，主要研究视角是站在产业发展的角度来考虑企业之间的重组和协调对产业升级的促进作用；而国内学者对横向整合的研究主要考虑企业发展的视角，将横向整合视为当前我国企业"做强做大"、提升国际竞争力的最佳战略。（2）西方学者在研究中通常将横向整合的表现形式视为横向并购；而国内学者则将横向整合视为某一特定行业（通常是该企业的主营业务）内的横向并购、新建以及联盟，在表现形式上范围更广，且限定为基于主业上的业务拓展。（3）与西方学者显著不同的是，国内学者在对横向整合的概念进行界定的时候，通常强调企业从原有的区域市场扩大到了国内其他地区区域市场，从这个意义上说，横向整合的概念与"市场开拓"（Market Development）相似。

因此，基于本研究的理论意义和研究设计，在此对研究对象进行工作性界定："横向整合"，特指企业针对国内市场开展的横向市场开拓，包括跨区域（通常是跨省）的并购、新建以及战略联盟。

1.3.2 横向整合战略选择

普拉哈拉德和多斯（1987）在考察跨国公司对外部环境的反应的基础上，提出了"整合—响应"（integration-responsiveness）模型，从全球一体化和地方响应两个维度将国际化战略划分为三种类型：全球化战略、多国化战略和跨国化战略。一方面，全球一体化帮助跨国公司降低成本，实现全球效率；另一方面，本地响应能帮助企业从新兴市场机遇中获取利益，提高响应能力是必需的。普拉哈拉德、多斯（1987）

提出管理者对环境压力的感知意味着他们需要同时对全球一体化和地方响应的压力做出回应，如果管理者感知到全球一体化的压力很大，他们可能会强调全球性的战略配合。反之，如果管理者感知到当地业务需求的压力较大，他们可能会更追求本地响应战略。此外，管理者可能会采用"跨国化"战略来协调他们的集体运营，同时对每个地方化情境维持一个较高的响应能力。普拉哈拉德和多斯的研究得到了大量学者（哈里略，马丁内斯，1990；约翰逊，1995；罗斯，莫里森，1990；塔格特，1998）的支持与实证检验，证实全球一体化和地方响应是阐明国际商务战略类型的两个核心维度。

因此，借鉴 IR 模型对国际化战略选择的界定，中国企业实施横向整合战略主要以有效处理全国整合效益和地方响应能力的关系为核心。本书对中国企业横向整合战略选择的研究主要从全国一体化和地方化两个方面的战略导向展开，其中一体化主要强调企业横向整合国内市场追求整合效益的倾向性，而地方化主要强调企业横向整合国内市场追求地方效益的倾向性。

1.3.3 管理模式

"模式"（英语：Pattern，源自法语：patron），在《新汉语大词典》中的解释是："模式能够反映出事物结构或过程的主要组成部分和相互关系，是对现实事件的内在机制和相互关系的直观、简洁描述，是理论的一种简化形式"；在《现代汉语词典》中被解释为"某种事物或事件过程的标准样式"；在《维基百科》中被解释为，一种规律变化与自我重复的样式与过程，重复性及周期性是模式最基本而常见的两大特征。[①]在哲学中被解释为"一个时代提供给社会参与的、在典型问题及解决方法方面被普遍认识的科学成就"（库恩，1996）；在社会学中"模

---

①参考维基百科对"模式"一词的定义 http://zh.wikipedia.org/wiki/.

式"被解释为"一个已知的具体科学成就，一套已被公认的习惯……模式就是一种思维的构造、一个体系、一个依靠本身成功示范的工具"（玛斯特曼，1987）。

虽然不同领域学者对"模式"的理解不尽相同，但是有一点已在理论界达成共识，即模式是一种理论工具，将这一理论工具运用到不同的研究领域，就产生了管理模式、战略管理模式、人力资源管理模式、供应链管理模式等概念。目前学术界普遍认为，管理模式的概念没有一个明确的内涵和外延。国外统一用"Business Model"来表达管理模式、经营模式和商业模式（卢启程，2006）。国外学者所定义的管理模式（Business Model）是宏观意义上的管理模式，旨在回答一切关于企业"How to do business"的问题。

国内学者对管理模式的探讨十分丰富。聂子龙（2002）在《工业时代的管理模式及演变》中提出管理模式可以理解为组织架构方式，并进一步归纳出了三种管理模式，分别是工厂模式、科层模式以及网络模式。郭咸纲（2003）认为，管理模式是以特定的管理理念为基础、在人们的管理过程中固定下来的一套操作系统和方法。叶国灿（2004）在研究中系统地梳理了企业管理模式的概念，将企业管理模式（Enterprise Management Model），分为结构模型和支撑模型两部分。其中结构要素包括企业文化、经营管理、管理技术、管理体制和规章、决策及领导体制；而支撑要素则包括人员素质、产品技术、企业目标和目标市场。且管理模式的各组成要素只有按照一定的规则互动，才能体现出各自应有的作用。钱颜文、孙林岩（2005）则明确提出，管理模式的环境依赖性与其是在实践过程中总结出来的是分不开的，现实中难以简单评价某一种模式的优劣，只能在特定环境条件下说明这种方法是否合适，但也很难存在一个使得大家普遍接受和参照的标准方法。对管理理论和管理模式的演进历程的回顾可以看出，管理要素重要度的变迁是导致管理理论和管理模式发展变化的本质原因。因此也可以将管理模式定义为特定环境下组织内资源配置的某种标准形式，且这种形式是可转移和可复制的。

　　进一步的，战略管理学者将模式引入战略管理的研究领域，就产生了企业战略管理模式的概念，所谓战略管理模式，是指一个包含多维战略管理要素的有机协调系统，它代表了具体的、客观的和实在的事物。从理论意义来看，战略管理模式就是解决某一类战略管理问题的方法论，是把解决该类问题的方法总结归纳并提炼到理论高度的一种认识结果，战略管理模式的不同功能是由战略管理要素的不同组合塑造的（王爱国，2006）。譬如，朱红军、喻立勇、汪辉（2007）基于中国典型民营企业管理模式选择的多案例比较分析指出，国内民营企业在多元化战略选择及整体企业治理模式上呈现出两种不同类型的管理模式，一种是"家长式"管理模式，而另一种是"泛家族化"管理模式。毛蕴诗、汪建成（2009）在对在华跨国公司战略选择与经营策略问题研究中，根据管理模式维度的选择上是以母公司为主还是以中国模式为主，以及在战略决策方面受母公司控制的程度，通过聚类分析，形成三个战略群组分别是："母公司管理模式倾向的受限型"、"中国管理模式倾向的受限型"、"中国管理模式倾向的自主型"。

　　具体到横向整合战略管理模式的研究，目前国内只有三篇文章。李铁瑛（2011）将中国特殊情境下的企业横向整合管理模式定义为：为了有效实施横向整合战略，企业在组织方式、组织结构和管理机制方面的若干关键选择，这些选择及其相互之间的关系在企业实施横向整合战略的过程中表现出独特性、稳定性和可转移性的特征。叶广宇、李铁瑛、蓝海林（2012）针对转型期中国企业实施横向整合战略的过程中所面临的特殊情境和管理实践，明确指出企业横向整合管理模式的权变维度包括六个方面：组织结构，权力机制，高管团队，高层管理者的评价与激励，控制机制，企业文化。并且企业在这六个维度的选择或者倾向性，将中国企业横向整合管理模式的问题归为企业集团内部的集分权问题。皮圣雷（2013）则在研究中进一步将管理模式描述为组织为解决某一类特定管理问题高度提炼或总结出的一整套管理系统与方法的集合，主要解决企业组织面对某一特定问题时的效率与效益问题。他在实证研究中选择了横向整合企业集团的协调性与中心性两个特征维度作为横向整合管理模式的代理变量。其中，管理模式的协调性是在企业集团内部资源配置系统性的程度，或者可以理解为横向整合企业在跨区域过程中的运营效率；而中心性是指横向整合企业各区域分支机构的管理者对组织权威的依赖程度，也即是他们在企业决策制定过程的参与程度。

综合看来，国内学者对横向整合管理模式的研究旨在考察横向整合企业集团母公司与跨区域分支机构的关系，或者说是母公司对跨区域分支机构的管理机制。因此，在上述文献整理的基础上，借鉴已有的横向整合管理模式的相关研究，我们将横向整合管理模式定义为，开展跨区域横向整合的中国企业集团，其母公司对区域分支机构（包括分公司与子公司）的管理机制与治理模式，具体内容包括，母公司对跨区域分支机构的控制、绩效评价与激励。

1.3.4 市场分割

所谓的地方市场分割，是指商品、资本、服务、劳动等商品要素在地区之间不容易流通的现象。根据市场分割的成因来划分，又可以划分两类：自然性的市场分割和人为性的市场分割。所谓自然性的市场分割，是指由于资源只能限于区域市场范围，不具备全国流通的性质，这往往是由于运输成本高、市场需求小等原因导致的；所谓人为性的市场分割，是指那些具备全国流通性质的资源却无法在全国范围内正常流通，这往往是由于地方政府利用行政力量保护本地市场、限制外地市场进入本地市场或限制本地资源流向外地的行为导致的。一般文献的研究对象都是针对人为性的市场分割的。

中国的市场分割往往被认为是中国经济转型的产物，主要表现为地方政府为保护当地利益而割裂与其他地区经济联系的行为（赵奇伟，熊性美，2009）。具体形式包括地方政府对外地产品销量的控制、价格限制、工商质检等方面的歧视、投融资的干涉以及通过其他非正式方式阻碍外地企业及其产品进入本地市场（李善同等，2004）。学术界最早认识到中国市场分割性的是国外学者。永（2000）对中国的省际贸易壁垒做了深入分析，对 1952—1997 年间中国各省之间的行业内贸易状况进行了深度调查。他认为中国过去 20 多年的经济改革导致了中国市场呈现出"零碎分割的国内市场和受地方政权控制的封地"现象。其实证研究表明，中国在推进经济改革进程中，虽然在一国之内，但不同省份的劳动生产率和商品价格却产生了巨大的差距，使得不同省份的 GDP 的差距逐渐扩大，部分发达省份的 GDP 甚至是落后省份的数十倍，经济实力的巨大差距使得各个地方政府在利益的驱使下更加倾向于利用政策保护当地利益，从而进一步加剧了国内区域市场的分割性。中国企业改革开放的实践表明，中国国内的市场一体化程度不但没有提高，反而呈现出日益分割和分散化的倾向。庞塞特（2001）在关于中国市场分割问题的研究报告中指出，中国国内市场的逆一体化（分割化）以及国内各省的国际一体化是同步进行的。针对这个问题，庞塞特也进行了后续论证研究，试图证明中国的政策改革未能成功地推进国内各个区域市场之间的相互开放和自由化。研究发现，即使是把运输成本和地理条件等因素考虑在内，与 1987 年相比，1997 年中国消费者购买的省内生产的产品与购买省外产品的比例增长了一倍。数据分析的结果还显示，1997 年中国的跨省商品流通所遭受的贸易壁垒相当于被征收了 46% 的关税，这一数值与当时欧盟各成员国之间进行贸易时的关税率基本处于同一水平。因此，庞塞特认为中国几乎不存在一个全国统一的大市场，各省之间存在的贸易壁垒竟然已经和许多国家之间贸易流通关税水平相近。研究结果表明，虽然中国在不断降低国外商品的进口关税税率，但实际上国内各省份的贸易壁垒却在不断提高，从而造成了国内市场严重的省份市场分割。

永（2000）与庞塞特（2001）的研究使得中国市场分割性成为研究"中国情境"的一个重要关键词。随后，有关国内市场是趋向统一还是趋向分割引发了国内外学者的争论。一部分学者认为，中国国内省际贸易壁垒趋于下降，国内市场趋向统一。譬如，上海科学院某研究小组曾经对中国的省际贸易问题展开研究，运用各省的"投入 — 产出表"来讨论各省的"贸易依存度"，研究发现，中国各省对省际贸易的依赖程度非常高。但是后续学者对这一结论提出了质疑，李昇（2005）认为该结论是建立在1982年和1987年的投入 — 产出表上，未能反映20世纪90年代后的状况。张军（2002）提出采用投入 — 产出法来分析国内各省的贸易壁垒情况，应该充分考虑行业内贸易和行业间贸易的差异。其研究结论是，地区工业化发展在一部分程度上造成了中国的贸易壁垒，且贸易壁垒程度正在逐步降低。另一部分学者则普遍认为中国市场分割性趋于上升。郑毓盛等（2003）研究指出市场分割和地方保护导致的产出损失主要表现为产出配置结构非最优的损失和要素配置非最优的损失。且其研究发现由市场分割和地方保护所导致的这两种损失总体趋势是上升的。行伟波、李善同（2012）根据地方政府的财政收支，各地区企业的所有制结构以及地区间劳动力市场分割三类指标，分析了地方保护主义对中国省际贸易的影响，研究结果表明，地方保护主义作为一种贸易壁垒确实阻碍了全国市场的一体化。利用1985—2001年的省级面板数据，陈敏等（2007）的实证研究结论证实，经济开放的确加剧了中国国内市场的分割程度。

随着中国市场分割性引发国内外学者的热议，近年来学者们对中国市场分割的研究重点逐渐转向中国国内市场分割性的存在对企业战略制定及战略实施的重要影响。地方保护以及由此引起的市场分割是一种人为的资源扭曲，影响了全国资源的最优配置，也不利于国内整体经济的快速发展。当前已有大量研究证实，中国的市场分割会影响企业在国内市场开展跨地区经营的广义交易成本（银温泉，才婉茹，2001；李善同等2004；朱希伟等，2005）和经营效率（刘凤委等，2007），进一步对企业的出口行为也有显著影响。宋渊洋、单蒙蒙（2013）基于中国省际面板数据的实证研究发现，市场分割越严重的地区，企业经营效率越差，越缺乏出口竞争力，地区出口规模越小。其研究结论表明，市场分割是影响我国企业出口增长的重要障碍之一。

市场分割性的存在，已经影响了中国企业的出口行为，意味着国内市场分割已经成为研究中国企业整合国际市场的重要影响因素。同样的，中国市场作为国际市场的重要组成部分，且其整体形态又可以被视为一个国际市场的"缩影"（利乌，卢，祺泽玛，2014），因此，本研究拟考察市场分割对中国企业在国内市场进行横向整合的影响。由于中国的市场分割性对中国企业的影响实际上是一种制度影响（蓝海林，2011），故本研究拟选择"区域制度距离"作为市场分割的代理变量，考察中国横向整合企业在国内进行基于主业的跨区域整合时，不同区域之间的制度环境差异对其横向整合战略实施的影响。

1.3.5 企业绩效

组织成功的衡量较为复杂，可以通过许多方法来衡量。目前学者们经常使用的是一系列财务指标，包括利润、成长率和市场份额。对于中国企业横向整合企业绩效的衡量主要基于两个层面：母公司层面，即企业整体绩效；子公司层面，即区域分支机构的绩效。跨区域经营的绩效衡量会受到更多因素的影响，譬如，区域分支机构的盈利能力、成长性和市场份额都受到母公司层面的战略约束。集团公司内部的转移支付旨在获得集团整体利益最大化，而不是使某个跨区域分支机构的利益最大化。中国企业在国内市场进行横向整合的过程中，通常是通过全国一体化或者地方化，来提高公司的整体效益，建立并提升在国内市场的竞争力，因此，跨区域分支结构绩效的变化并不仅仅反映其本身的成功程度，而是由母公司的全国战略下的市场方针决定的。因此，对横向整合企业绩效的衡量应该偏重于其整合后的整体绩效的提升。基于上述分析，本研究中借鉴亨特（1990）、达塔（1991）和凯普仑（1999）的研究，从市场占有率、销售收入、利润、投资回报率等方面来测量横向整合后企业母公司层面的整体财务绩效。

1.4 研究内容、意义与方法

1.4.1 研究内容

根据本书的研究问题，本书研究的主要内容有：

第一，我国企业在国内市场跨区域的横向整合战略与企业绩效的关系研究。具体就是：企业在国内市场跨区域的全国一体化战略（以一体化程度为代理变量）与企业绩效的关系；企业在国内市场跨区域的地方化战略（以地方化程度为代理变量）与企业绩效的关系。

第二，市场分割对中国企业横向整合战略与企业绩效之间关系的影响作用研究。具体就是：市场分割（以区域制度距离为代理变量）对全国一体化战略（以一体化程度为代理变量）与企业绩效之间关系的调节作用；市场分割（以区域制度距离为代理变量）对地方化战略（以地方化程度为代理变量）与企业绩效之间关系的调节作用。

第三，横向整合管理模式对中国企业横向整合战略与企业绩效之间关系的影响作用研究。具体就是：母公司对跨区域子公司的集权程度对全国一体化战略（以一体化程度为代理变量）与企业绩效之间关系的调节作用；母公司对跨区域子公司的集权程度对地方化战略（以地方化程度为代理变量）与企业绩效之间关系的调节作用；母公司对跨区域子公司的绩效评价方式（包括客观绩效评价与主观绩效评价）对全国一体化战略（以一体化程度为代理变量）与企业绩效之间关系的调节作用；母公司对跨区域子公司采取的绩效评价方式（包括客观绩效评价与主观绩效评价）对地方化战略（以地方化程度为代理变量）与企业绩效之间关系的调节作用；母公司对子公司高管的激励（显性激励和隐性激励）对全国一体化战略（以一体化程度为代理变量）与企业绩效之间关系的调节作用；母公司对子公司高管的激励（显性激励和隐性激励）对地方化战略（以地方化程度为代理变量）与企业绩效之间关系的调节作用。

1.4.2 研究意义

（一）理论意义

第一，引入国际化领域的 IR 模型来研究中国市场分割情境下的本土企业整合国内市场的战略选择，拓展了 IR 模型的应用情境。以往的有关 IR 模型的研究回答的都是跨国公司整合全球市场的战略选择问题，且多是以西方发达国家跨国公司为研究对象，缺乏对来自新兴经济体的企业和具体情境的关注。本研究以中国本土企业为研究对象，引入 IR 模型探究中国企业在国内市场的整合行为和战略选择，丰富并拓展了 IR 模型的应用情境，同时对中国企业的横向整合战略提供了理论指导和支持。

第二，在 IR 框架的基础上加入了环境层面和组织层面的影响因素，完善了 IR 模型。尽管 IR 模型清晰阐明了跨国公司的国际商务战略选择（哈里略，马丁内斯，1990；约翰逊，1995；罗斯，莫里森，1990；塔格特，1998），并得到了大量学者的广泛关注和论证。然而，与该范式的普遍流行相反，几乎没有证据显示在何种条件下，何种国际化战略是最适合的。有关跨国公司战略（跨国化、多国化、全球化等）对企业绩效的影响作用得出了很多不一致的结论，至今还是一个比较有争议的话题。本研究在 IR 模型的基础上，同时考虑了环境层面的制度距离对横向整合战略选择与绩效关系的影响作用，以及组织层面的管理模式对横向整合战略选择与绩效关系的影响作用，进一步完善了 IR 模型，弥补 IR 模型的不足。

第三，丰富了管理模式的研究，同时对管理模式的维度进行了明确的划分和界定。以往针对管理模式的研究，通常只是停留在概念研究的基础上，对管理模式的维度进行梳理与界定，这一类研究通常过于宽泛，不够具体，针对性不强，无法指导进一步的实证研究。本研究借鉴母子公司公司管理模式与跨国公司管理模式的相关内容，对中国企业横向整合管理模式的内涵与纬度给出了明确定义，并通过实证研究得到了进一步检验，为后续的实证研究提供了思路和借鉴。

（二）实践意义

"先做中国第一，再做世界第一"已经成为中国企业提升国际竞争力的有效战略选择与必经途径。然而，中国市场分割性的存在，为中国企业整合国内市场及孕育在行业内具有影响力的大企业带来了巨大的困难。于是，在当前阶段，中国企业如何依靠管理模式上的创新突破市场分割的障碍成功整合国内市场成为摆在中国本土企业面前迫切需要解决的问题。

通过对中国企业横向整合战略选择（全国一体化与地方化）与绩效的关系研究，揭示了在中国当前市场分割的情境下，企业的横向整合战略选择与绩效的关系，试图回答"当前阶段，横向整合能否为企业带来绩效提升"的问题；通过对横向整合战略选择（全国整合与地方响应），市场分割与企业绩效的关系研究，揭示市场分割对企业不同横向整合战略选择的影响，试图回答"在中国当前的市场分割情境下，究竟哪种横向整合战略更适合中国企业成长"的问题；通过对横向整合战略选择（全国一体化与地方化）管理模式与企业绩效的关系研究，揭示管理模式的不同维度对企业横向整合战略实施效果的具体影响作用，试图回答"企业可以通过管理模式哪些维度的设计，更好地支持企业横向整合战略的实施"的问题。研究结论对指导我国企业开展横向整合实践及管理模式设计具有指导意义。

1.4.3 研究方法

选择恰当的研究方法是研究设计成功的关键所在，定性研究与定量研究相结合的混合研究方法受到当代管理学研究者的重视和推崇（李怀组，2004）。本研究采用定性研究与定量研究相结合、规范与实证研究相结合的方式展开研究，具体的研究方法有：文献研究、问卷调查和数据统计分析。

文献研究：研究围绕横向整合、市场分割、一体化 — 本地化、管理模式等关键概念广泛收集国内外相关文献，通过充分的文献梳理和归纳，一方面发现现有研究比较有争议的问题，找到本书的研究切入点；另一方面明确本研究的理论基础和研究视角。在文献整理的基础上结合对我国企业实践的考察，通过严密、规范的理论推导提出本书的概念模型和假设。

问卷调查：根据本研究设计的实际需要，针对全国整合程度、地方响应程度、企业绩效以及管理模式等变量进行分析，并严格按照科学程序设计一套合理的调查问卷。在正式调查之前，通过小样本预调查对问卷进行调整和修正。选择基于主业进行过跨省经营的企业为调查对象，受访者主要为企业的高层管理者，因为本研究需要测量企业横向整合选择及对跨区域分支机构的管理模式方面的内容，需要对企业整体战略及跨省经营有全面了解的管理者，因此高层管理者才更能反映真实情况。为保证问卷数量和质量，调查通过多种渠道展开，并做到及时跟踪。

二手数据：根据樊纲和王小鲁（2011）编制的中国各地区市场化进程相对报告数据同企业样本的相关数据结合，计算企业跨区域过程所面临的制度环境差异，即"制度距离"。

统计分析：通过问卷调查获取一手数据后，接下来就需要对数据进行统计分析。本研究主要采用 SPSS 19.0 作为主体统计分析软件，通过描述性统计分析、信度效度检验、多重共线性检验以及多元回归分析等方法来进行实证研究。

1.5　研究流程和本书结构

在文献综述研究的基础上，本研究主要进行了实证研究，研究流程如图 1-1 所示，首先是在现实情景观察与理论梳理的基础上，明确提出本书要研究的问题；然后结合国内、国外最新的相关研究成果，围绕研究问题进行深入的文献梳理和回顾，主要是根据相关理论构建横向整合战略选择、市场分割、管理模式与企业绩效关系的理论模型，并提出若干假设；接下来根据假设、参考相关量表并结合专家访谈设计问卷，通过试调查来最终确定调查问卷；接着选择合适的调查对象进行大范围数据收集，并从中筛选出有效问卷；然后，运用 SPSS 19.0 这一统计软件对所收集的研究调查问卷数据进行相关实证分析，检验所提出的假设是否成立；最后，依据假设检验结果得出研究结论，并对结论进行讨论以获得相关启示，同时指出进一步研究的建议。

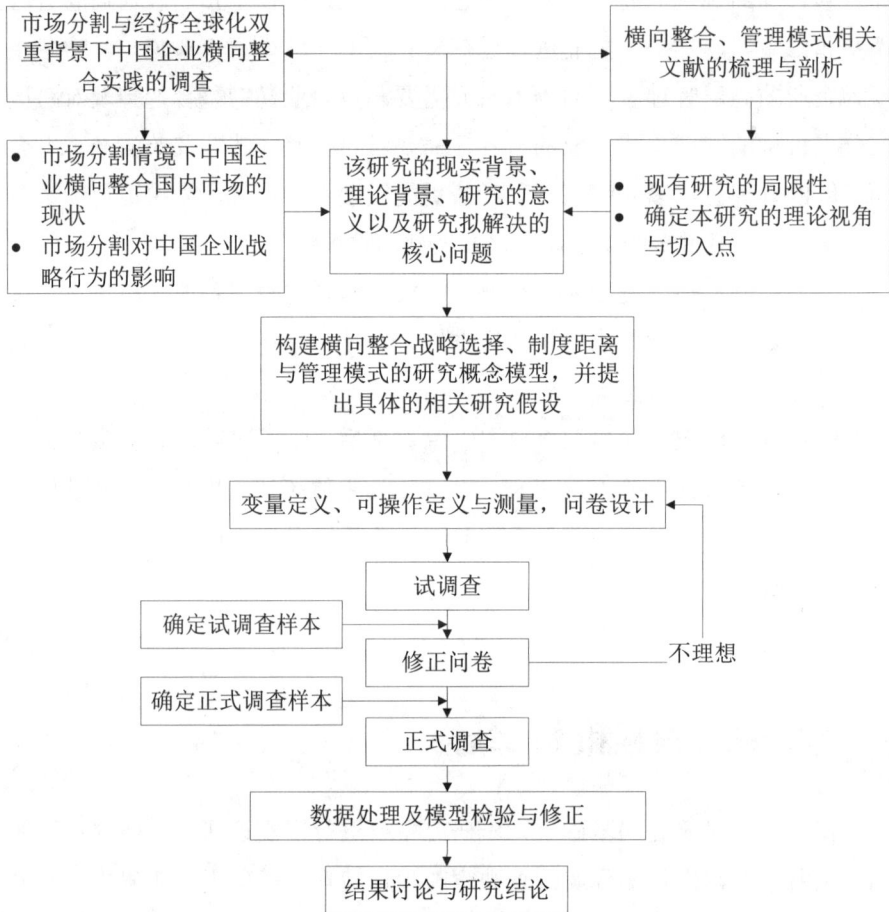

图 1—1 本书研究的技术路线

本书的研究结构主要由七部分组成，分别是绪论、文献综述与相关理论、市场分割与中国企业的横向整合战略、研究假设与模型、研究设计与变量测量、研究结果讨论。

1.6　本章小结

本章内容属于绪论部分，首先论述了本研究的现实与理论背景，并在此基础上提出了三个主要的研究问题，接下来对本研究的研究对象及主要概念进行了界定。随后，根据研究问题，确定了本书的研究内容：市场分割、管理模式与中国企业横向整合战略选择的关系研究。具体展开论述就是：中国企业横向整合的战略选择（全国一体化与地方化）与绩效的关系；市场分割在横向整合战略选择（全国一体化与地方化）与绩效之间关系的调节作用研究；管理模式在横向整合战略选择（全国一体化与地方化）与绩效之间关系的调节作用研究。同时，指出本研究的意义，并对本研究拟采用的研究方法进行简要说明。最后，指出本研究的技术路线和本书结构安排。

第 2 章　文献综述

2.1　研究理论基础

2.1.1　国际化战略与 IR 框架

整合 —— 响应（GI-LR 或 IR）框架是在跨国经营领域长期占据重要地位的重要研究范式，IR 框架最初产生于多兹和普拉哈拉德在 1984 年完成的一项关于跨国公司战略控制模式的研究。该范式描述了跨国公司在向全球市场扩张时必然要面对的双重环境压力，一是全球一体化的压力，二是地方响应（或地方化）的压力。全球一体化的压力是指跨国公司为获得尽可能大的效率和竞争优势，在整合全球市场的过程中，要依据总体战略采取全球整合的方式来协调海外子公司的资源和活动；而地方响应的压力则是指跨国公司在整个全球市场的过程中，要根据东道国的政府规制、竞争环境和市场需求等的具体特点来组织它在全球的经营管理活动。

因此，其最主要的理论贡献在于提出，跨国公司参与全球产业竞争，可以从两个维度来发展竞争力。第一个维度 —— 一体化，意味着跨国公司在各国或各区域经营活动的协调，试图构建高效的运营网络并最大化利用区位之间的相似性；第二个维度 —— 响应或地方化，意味着试图对各东道国的各种特定需求做出回应。跨国公司可以选择只强调这两个维度中的其中一个，或者同时强调这两个维度。跨国公司对这两个维度不同的强调程度造成了三种基本国际化战略：一体化战略（integrated），多重心战略（multifocal）和本地化战略（local responsiveness）。同时，普拉哈拉德和多兹（1987）提出的 IR 模型的理论贡献还在于，该模型允许通过更换情境设置将国际业务战略概念化。

日益激烈的全球竞争促使跨国公司必须同时进行全球一体化和地方响应（巴特利特，戈沙尔，1988，1992；索恩，派克，1995；伊普，

1993)。一方面，快速变化的全球环境，譬如市场全球化以及产品和技术生命周期加速等，促使跨国公司必须发展全球战略。他们试图通过整合实现规模经济和范围经济，协调全球业务以及开发高度标准化产品和营销方法。另一方面，尽管如此，在很多行业消费者仍然需要地区性的差异化产品，这些产品在标准、口味和感知需求方面呈现出实质性的差异。此外，跨国公司的内部管理实践必须进行调整从而匹配地方文化和法律授权的期望。因此，跨国公司如果在所有的国际运作业务单元实施标准化的策略和运营流程，可能彻底地忽略了子公司的特殊需求或子公司所扮演的在全球背景下有利于整个组织的特定角色（阿德勒，巴塞洛缪，1992；莫里森，里克斯，罗斯，1991），从而导致组织的整体绩效降低（多兹，普拉哈拉德，1986）。为了有效地处理这些差异，跨国公司必须重视地方响应。然而纯粹的多国化战略往往带来过于昂贵的成本以及对旨在最大化制造和营销的运营效率的全球价值链管理的烦琐性。（如图 2-1 所示）

因此，根据 IR 范式，过分地强调全球一体化或地方响应都可能降低组织的整体绩效。跨国公司在战略决策和运营实践中在充分考虑子公司运营所处的当地环境的特殊要求的同时，也要实现对分散在全球不同地区的子公司进行总体控制与协调。大部分学者认为，跨国公司只有同时具备平衡全球一体化和地方响应双重压力的能力，才能在复杂多变的全球竞争环境下取得成功（派克，索恩，2004）。

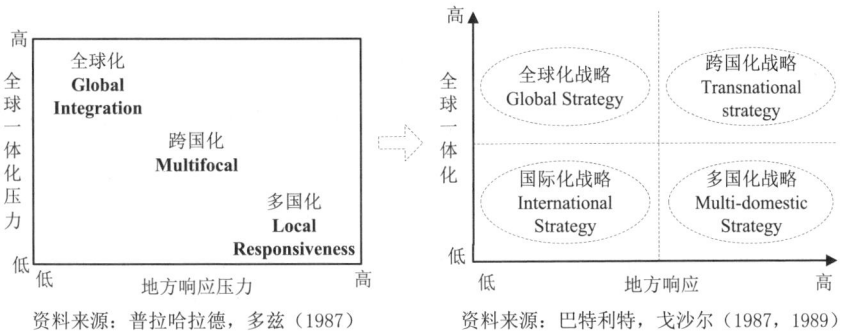

图 2-1　整合—响应矩阵与国际化战略选择的演化[①]

————

[①]根据文献普拉哈拉德、多兹（1987）和巴特利特、戈沙尔（1987，1989）的研究整理而来。

2.1.2 制度理论

经典的战略选择理论是基于产业状况和资源基础的战略观，企业战略选择的制度基础观是战略研究领域出现的新趋势（谢佩洪，马卫民，徐波，2013）。根据制度理论，组织的战略决策、行为及产出会受到国家的制度环境的重要影响，这是由企业组织是内嵌于国家特有的制度安排之中决定的（勒罗伊等，2000）。诺斯（1990）认为，制度是一种社会游戏规则，是通过规则的设计来规范和塑造社会成员的行为和人际关系。迈克·彭等（2002，2008）对企业国际化的研究中指出，不同国家的制度环境呈现出巨大的差异，且这种制度环境的差异会对企业的跨国经营产生深刻影响。科索沃（1996）通过对国家和组织层面的因素对跨国界组织行为的影响作用及机制进行研究对比，进一步指出对于跨国经营国家层面的影响因素而言，制度环境比文化具有更强的概括性和代表性。因此，科索沃（1996）率先指出国家之间的制度环境差异可以代表国家之间的差距，并明确定义了"制度距离"的概念，东道国与母国之间的制度环境差异就是制度距离。根据斯科特（1995）提出的制度的三维度（规制、规范和认知）框架，也可以将制度距离界定为国与国之间在规制、规范和认知三个方面所存在的差异。

科索沃在提出制度距离概念时把国家视为研究制度环境的主体，将国家之间的差距理解为制度环境差异。然而科索沃对制度距离的界定已经受到了学者们的挑战。较之于新制度经济学，新组织制度理论愈加重视企业或组织所嵌入的制度环境，拓宽了制度环境的分析层面。基于新组织制度理论的最新发展，格林伍德等（2008）重新界定了制度距离的内涵，指出将国家作为研究制度环境差异的分析单位，并不能完全解释企业在跨国经营中所面临的全部制度差异。从企业跨国经营实践来看，由于企业在开展跨国或者跨区域经营活动时所面临的制度环境，比单个国家的制度环境更加复杂，因此国家并不是制度研究最合适的分析层面。尤其是对于中国这样的大型新兴经济体而言，区域制度环境的多元化已经成为研究中国企业对外直接投资的重要影响因素。对于处于经济转型期的中国，对中国制度环境影响企业战略选择及行为的研究应该建立在充分认识各区域制度环境差异的基础上。

因此，为了全面考察影响组织行为的制度因素，制度距离的分析应该突破国家的边界，延伸到不同层面进行分析（藤田，克鲁格曼，2004）。新组织制度理论提出，不是单个组织或国家，而是应该将组织场域当做分析制度化组织形式与行为方式的基本单元（摩根，克里斯滕森，2006）。存在于社会和组织之间的一个中间层级就是组织场域，将社会与组织间联系的过程中所涉及的全部行为主体和相关因素都囊括在内，其中主要由规制结构、关键供应商、顾客以及提供类似产品或服务的其他组织组成（迪马乔，鲍威尔，1983）。组织场域在社会共识的达成、社会行为的普及和再现等过程中都扮演了十分重要的角色（斯科特，1994，1995）。依据新组织制度理论，分析制度环境基本单位由以国家分析单位替换成以组织场域作为分析的基本单位，这样的处理进一步拓展出了多个制度距离概念的分析层面，而不再局限于国家层面，从而能更加贴切地反映企业在跨国或者跨区域经营过程中所面对的现实制度环境。现有的大部分研究都将一国之内的制度体系视为一个同质化的主体。然而，对于大型的新兴经济体国家而言，这样的论断并不符实，因为制度差异不但存在于国家之间，亦存在于一国内部的不同区域之间。尤其在诸如中国这样的新兴经济国家存在着显著的地区差异、收入差距以及区域制度的多元化。这些特征显著影响了新兴经济国家在国际市场与国内市场的扩张与整合（利乌，卢，祺泽玛，2014）。

2.1.3 委托代理理论

由威尔森（1969）、斯宾塞和泽克梅森（1971）等人开创的委托代理理论有三个基本假设：第一个基本假设是假设代理人的行为具有一定的"隐蔽性"，委托人不容易直接观测到；第二个基本假设是委托人与代理人之间存在信息不对称的情况，因为委托人并不直接参与生产活动；第三个基本假设是代理人追求自身效用最大化，是理性"经济人"。由于上述假设的存在，委托人想使代理人按照委托人的利益行动，但代理人很可能由于追求自身利益而做出与委托人利益相冲突的"败德行为"。因此，委托人必须借助一定的激励约束手段，使代理人与委托人的利益捆绑在一起，以激励代理人在企业经营实践中采取有利于委托人的行为。

委托代理理论的观点和内涵，为研究横向整合企业母公司与跨区域分支机构的管理模式提供了一个相当理想的理论平台，为本研究提供了理论基础。从委托代理理论来说，母公司将跨区域分支机构的经营管理活动委托给了分支机构的管理团队，这样母公司与跨区域分支机构之间就存在着委托代理关系。其中，母公司的高管团队或经营者被视为委托人，而跨区域分支机构的高管团队或经营者被视为代理人。在这一委托代理关系里，由于母公司与跨区域分支机构之间存在严重的信息不对称，且母公司与分支机构的效用函数不一致，尤其是母公司管理层与分支机构管理层的效用函数不同，导致母公司与跨区域分支机构之间存在潜在利益冲突，从而使得跨区域分支机构有可能产生代理问题。母公司为了确保其整体经营意图的实现和整体效益的提升，要对分支机构的经营活动进行监督控制，于是首先体现在对分支机构的经营决策权力进行适度分配（即集权程度）；其次，分支机构管理团队根据其经营决策权力大小开展经营活动，经营活动的结果既影响分支机构的绩效又影响公司整体的绩效，同时也会将相关经营活动和绩效结果反馈给母公司；最后，母公司也要根据分支机构的绩效反馈以及综合考虑企业整体目标，对区域分支机构的绩效进行评价，并通过相应的激励来调整分支机构的行为。

2.1.4 权变理论

权变理论（contingency theory）是由劳伦斯和洛尔施（1967）提出的，不同的环境或情境对组织的影响不同（斯科特，1992）。权变理论认为不存在最好的战略导向，对于所有的企业来说都不存在普遍性的战略选择导致最优绩效（劳伦斯，洛尔施，1967；霍弗，1975；金斯伯格，文卡特拉曼，1985）。战略匹配是组织适应理论中的一个重要研究范式（扎亚茨，克拉茨，布雷塞尔，2000），在战略管理领域普遍存在（米勒，弗里森，1983；文卡特拉曼，普莱斯考特，1990）。战略匹配观点（安德鲁斯，1980；尔德，1972)认为，企业为了获取竞争优势,应制定使外部环境与内部资源匹配(fit)的战略，并有效执行此战略。战略匹配是指在组织资源和力量应对环境带来的机会和风险时的效率性（安德鲁斯，1980；申德尔，霍弗，1979），是组织在某种特定环境下执行特定战略的效果（钱德勒，1962；加尔布雷斯，内桑森，1979；施瓦茨，戴维斯，1981）。也有人将匹配定义为某一要素（Component）的需求、要求、目标、目的或结构与另一要素的需求、要求、目标、目的或结构具有的连贯性程度（格里菲斯，迈尔斯，2005；尼德勒，图斯曼，1980）。

战略的权变观点指出，企业的战略是否合适可以从该战略是否与企业所面对的具体环境和组织权变因素取得了良好的匹配来衡量。由此，战略匹配观点也演化出两个分支：战略 — 情境匹配与战略 — 结构匹配。战略 — 情境匹配观点强调组织战略选择必须与组织的外部环境相匹配，并且这种匹配是导致最优组织绩效的决定因素。战略理论要求企业的运营和输出必须与企业所处的环境相匹配（托尔曼，格林格，奥尔森，2004），以此来获得最优绩效，即战略的成功将取决于情境因素（克斯，科尔，1989；沃纳菲尔德，1984）。某个特定战略和组织结构对企业绩效的影响作用受到东道国和母国的环境特征与全球战略的影响（托尔曼，1992）。

战略 — 结构匹配观点强调组织战略必须与组织的结构设计相匹配。罗斯、谢威格、莫里森（1991）研究支持战略 — 结构匹配观点，业务单元的有效性取决于国际化战略与组织设计的匹配。研究检验了国际化战略对组织设计的影响以及组织设计对业务单元绩效的影响。组织结构可以视为战略实施的必要条件。战略与组织设计的匹配影响业务单元的绩效。

2.2　横向整合的相关研究

2.2.1　横向整合的国外研究进展

"横向整合"的概念最早可以追溯到马歇尔（1938）在《经济学原理》中对于规模经济的论述：由于企业扩大其不动产而获得了种种新的大规模生产经济，从而在相对低廉的成本上增加了产量，即导致了报酬递增。马歇尔认为企业追求规模经济是效率机制驱使，其结果是增强了大企业的支配地位。施蒂格勒（1968）出于对效率理论的推崇指出，集中度较高的市场中的大厂商一般具有较高的效率，而产生较高效率的主要原因在于规模经济、先进生产设备和制造技术以及完善的内部组织和管理制度等（臧旭恒，徐向艺，杨蕙馨，2005）。在古典经济学领域，横向整合被视为由于生产成本降低、管理效率提高所体现出的规模经济效益。

在早期的研究文献中，国外学者通常用"横向整合"指代"产业横向整合"[①]。诺斯和特鲁里街对产业整合的两种类型——横向整合和纵向整合进行了清晰的阐释：在纵向整合的过程中，通过从原材料到最终产品的一系列生产流程的组合，大型的工业组织得以被建立起来；而横向整合则意味着越来越多的业务单位在某一个特定的生产环节展开竞争。一般看来，横向整合可以被视为企业发展的初期扩张阶段，试图在某个特定的业务环节获取垄断控制；而纵向整合通常发生在大型企业意图熟练地协调一系列生产流程的阶段。随后，科纳普（1950）在《横向整合过程中的合作扩张》一文中进一步指出横向整合意味着用同样的组织结构来生产更多的产品或提供更多的服务，描述了许多相同类型的商业机构在一股力量的控制下，而不管这种整合是否最终都形成了"合并"（Combination）。"整合"这个术语被广泛应用于指定几乎任何类型的联盟或业务单元的协调，而"横向"和"纵向"则被用来体现区分融合类型的特征。"横向整合"和"纵向整合"通常被用来描述两种不同类型的组织或结构增长方式，"整合"是一个逐渐紧密结合在一起的过程，而不是一种组织形式。"横向整合"意味着许多相同的业务单元归于一个通用的管理控制下；而"纵向整合"意味着在一个企业组织内实现工业流程的不同阶段——零售、批发、生产等的燕尾榫结合或融合。

早在 20 世纪以前，美国的农业协作历史就伴随着大量的失败的横向整合的尝试。然而直到 1912 年加州葡萄干公司（California Associated Raisin Company）的成立，才真正宣告横向整合时代的到来，不再仅仅作为一个联盟，而是力图拥有加州所有的葡萄干种植企业，主要目标是控制供应，这就是横向整合的雏形。紧接着，第一次世界大

[①]产业的横向整合是指产业链条中某一环节上多个企业的合并重组。

战后迎来了第一次横向整合的浪潮，约翰·戴维森·洛克菲勒、约翰·皮尔庞特·摩根迅速感知到通过联营和信托协议、股份公司或直接并购，整个产业将迎来被一股力量控制的局面。早期整合的目标是获取市场控制，将竞争降低到最小化，并最终导致管理效率的提高。约翰·D. 布莱克是第一位呼吁关注整合（Integration）对于合作型组织结构的必要性的农业经济学家。他开创性的研究——《营销组织的协作中心》明确给出了"整合"的概念，包括横向整合和纵向整合，因为他们都与大型营销组织的效率相关。其研究总结了开展横向整合战略的 16 个原因，分别是：（1）质量控制；（2）标准化生产；（3）根据消费调整生产；（4）稳定生产；（5）控制消费以适应生产；（6）控制市场流量；（7）分配产品；（8）质量检查；（9）产品分类；（10）统一销售；（11）统一财务；（12）购买和采购政策；（13）消除竞争浪费；（14）改善业务实践；（15）利用副产品；（16）统一研发。布莱克在其随后发表的文章《一个发展中市场营销计划的路标》中指出，横向整合与纵向整合具有相互影响作用，且横向整合是企业开展纵向整合的基础和必经途径。

由此，在很长的一段时间内，国外学者针对不同的产业背景展开了企业横向整合的探索和历史回顾。譬如，砌普提（1995）实证研究了有线电视产业的横向整合与议价能力的关系，数据分析结果证实，与规模较小企业相比，较大规模的企业对供应商的议价能力更强；同时有线电视产业结构显示，较大规模企业的成本更低，即可归因于规模经济，也归因于对供应商的议价能力。卡尔 - 吕埃迪（1997）研究了 20 世纪 90 年代动荡环境下的美国制药产业的横纵向整合，用制度安排（Institutional Arrangement）来描述当时的制药产业所面临的专利制度、环境规制、政府价格管制的程度和医疗保健系统等环境特点。横向整合从本质上被视为提升或者强化企业在产业内的位置的战略，而上下游的并购则被视为对供应链实施控制的战略。研究结论指出这种制度安排造就了制药产业同时展开了横向整合与纵向整合，而通过横纵向整合，企业也有可能对这种制度安排产生决定性的影响作用。迪岑巴赫、斯米德、沃尔克林克（2000）利用古诺模型和勃兰特模型研究荷兰金融业横向整合对价格成本—差额的影响，模型分析结果显示，通过横向整合，金融产业的竞争显著减少，进行横向整合后比整合前，在勃兰特模型中得出的价格成本差额上升了2%，在古诺模型中上升了13%。贝罗伊尔、奥图莱、埃杜（2012）对尼日利亚西南部的家禽业横向整合的经济效益研究显示，开展横向整合后的家禽企业毛利率更高。基莱（2012）对德国饮水供给产业进行了深入研究，认为这是一个具有高度分割性的产业，通过数据包络分析探究德国饮水产业开展横向整合的潜在效率的提升，数据结果显示，横向整合后个体效率低下得以减轻，整个产业呈现出最高效率提升的潜力。大部分进行过横向并购后的企业都表现出了效率提升，并且这种效率的提升主要体现在三个方面：技术效率提升、协同效应和规模效应。

尽管大部分学者都是基于产业经济学的视角对各产业横向整合的历史与现状进行回顾和探讨，近年来仍有少部分学者开始从企业发展的微观视角开展对横向整合的探索。莫顿（2002）对制药产业的知名企业与一般企业之间的横向整合的研究发现，同时拥有名牌产品和低成本的非专利药物的整合型企业相对较少；并且进行过横向整合的企业并未表现出利用品牌效应帮助非专利药物更有效、更频繁或者更早地进入市场。尽管他们的研究数据显示，制药产业的企业开展横向整合后没有表现出明显的范围经济，他们仍然进一步指出，造成这种结果的原因有可能是没有考虑横向整合企业的组织形式造成的。卡伊、小原（2009）实证检验了横向整合与企业声誉之间的关系，研究结论表明，横向整合导致被并购的企业拥有更大的市场基础，通过更有效的惩罚措施和更好的监督来减少个别市场的异质冲突从而建立企业声誉。研究提出了企业声誉基础观，并通过比较静态分析探讨了横向整合后的最佳企业规模。马丁、范德凯克霍夫湖（2011）实证研究了领导力、横向整合。捆绑销售与市场绩效在定价市场的关系。研究结论并未证实存在"行为—结构—市场绩效"（Conduct-Structure-Market Performance）的一般关系，横向整合后的企业对所拥有的两种产品进行捆绑销售，在定价市场并未表现出价格领先优势，也没有改善市场绩效。

国外学者对横向整合的研究，大体上呈现出"从宏观视角的产业整合向微观视角的企业整合过渡"的趋势。21 世纪前的横向整合通常都是探讨某个特定产业横向整合对产业结构优化、提升整体产业效率的影响作用，而 21 世纪后，学者们更多地是在探讨开展横向整合是否能更有效地促进企业发展，以及与之相关的横向整合企业的组织结构等问题。

2.2.2 横向整合的国内研究进展

与国外学者的研究相比，国内学者对横向整合的关注相对滞后且研究热度不够，但国内学者对横向整合的研究视角大体上也分为两个层次。一是从宏观视角研究产业横向整合对产业结构优化的影响作用。譬如，董瀛飞，张倩肖（2013）引入大、小企业假定，以及符合我国多晶硅产业特点的创新方式和大企业的兼并活动构建"History-friendly"模拟模型，模拟 2006—2015 年进入规制政策和产业横向整合对市场集中度、平均价格加成和企业倒闭率的影响。结果显示，在未来需求增长的环境下，进入规制政策降低了多晶硅产业市场集中度和平均价格加成，而产业横向整合提高了多晶硅市场的集中度，当需求增长率低于一定限度时，通过横向整合明显降低了平均价格加成和企业倒闭率。卓薇（2007）在对我国第三方物流产业的市场结构与整合模式进行深入研究的基础上指出，尽管纵向整合和横向整合在第三方物流产业的发展过程中都扮演着重要角色，但对当前我国的第三方物流企业而言，横向整合是当务之急。与西方发达国家的第三方物流产业相比，我国第三方物流产业还处于起步阶段，发展速度快、企业数量多，但大多数企业规模小，市场占有率呈分散状态。因此，要想改变这种格局，增强我国第三方物流产业的整体竞争力，最有效的方法就是横向整合。只有通过横向整合形成市场集中度较高的功能型第三方物流产业格局之后，再进行纵向整合才能完成综合型物流的转变。杨洵（2008）对同质竞争下的产业链横向整合经济绩效分析，指出在完全信息条件下，企业如果能够放弃简单粗暴的对抗策略，选择某种程度的协作即开展产业链的横向整合，不仅能获得更高的均衡产出从而提高自身收益，也有利于降低产品的单位成本，提升企业竞争力。

二是从微观视角研究企业横向整合对企业发展的影响。李怀、王冬、吕延方（2011）从微观视角对我国产业整合趋势、机理及其绩效展开了深入研究，研究结论表明，行业内横向兼并和地区的产业集群都会有利于主营业务的增长，跨区域整合交易对短期净资产收益率和每股收益率均有正向影响，于是，进一步指出，企业若处于主营业务发展停滞的情况下，可以通过对国内市场跨区域的整合来促进净资产和整体运营绩效水平的提升。乔金晶（2011）在对横向整合企业总部价值创造的研究中指出，中国分割市场条件下的横向整合战略既包含了国际化战略的含义，又包含了市场开拓的含义，具有双重性。莫靖华（2012）对国有企业整合战略的研究中指出，我国企业的横向整合战略包括区域内横向整合与跨区域横向整合。蓝海林、李铁瑛、黄嫚丽（2011）认为经济全球化以及中国市场分割性对中国企业战略选择存在双重性影响，而企业在国内市场的横向整合有助于中国本土企业先建立规模成本优势，再以规模成本优势为基础去建立创新优势，从而在成本和创新两个方面形成和培育国际竞争力。

与国外学者相比，国内学者对横向整合战略的关注显然不够，但近年来国内学者对微观视角的企业横向整合的关注已经呈现逐渐上升的趋势。通过文献的梳理与归纳，国内外学者对横向整合的研究差异主要表现在两个方面：（1）横向整合的概念界定。国外学者从产业视角和微观视角对横向整合的界定比较一致，而国内学者加入了基于对中国情境的深刻理解与考虑，对微观视角的企业横向整合的界定赋予了新的含义：企业基于其主营业务在国内市场进行跨区域经营，对国内各区域市场进行业务整合。从这个意义来看，中国学者定义的"横向整合"与"全球整合（Global Integration）[①]"或者"国际化（Internationalization）[②]"的意义相近。（2）横向整合的方式。在外文文献中，横向整合的方式通

[①]《管理科学技术名词》第一版中对全球整合的定义为，国际化经营的企业忽视不同地区的差异而在世界范围内采取相似的经营策略，并将全球业务进行有机协调。
[②]在经济学中，国际化是企业有意识地追逐国际市场的行为体现。它既包括产品国际流动，也包括生产要素的国际流动。

常就是横向并购。而中国学者对横向整合的方式进行了拓展，不仅仅包括横向并购，还包括新建和战略联盟。

同时，国内外学者研究的相似之处在于，国内外学者均指出对微观视角的企业横向整合的研究均有待于加强，尤其是微观视角的横向整合与企业绩效的关系亟须给出解答（李怀，王冬，吕延方，2011）。（如表 2-1 所示）

表 2-1　横向整合国内外研究进展

	研究文献	研究内容	主要研究结论	研究视角
国外横向整合相关研究文献	彻普（1995）	有线电视产业的横向整合与议价能力的关系	与规模较小企业相比，较大规模的企业对供应商的议价能力更强；同时有线电视产业结构显示，较大规模企业的成本更低，即可归因于规模经济，也归因于对供应商的议价能力	产业整合
	厄纳卡勒·里德（1997）	20 世纪 90 年代动荡环境下的美国制药产业的横纵向整合的历史回顾	横向整合从本质上被视为提升或者强化企业在产业内的位置的战略，而上下游的并购则被视为对供应链实施控制的战略。研究结论指出这种制度安排造就了制药产业同时展开了横向整合与纵向整合，而通过横纵向整合，企业也有可能对这种制度安排产生决定性的影响作用。	产业整合
	巴彻，斯米德等（2000）	荷兰金融产业的横向整合	利用古诺模型和勃兰特模型研究荷兰金融业横向整合对价格成本—差额的影响，模型分析结果显示，通过横向整合，金融产业的竞争显著减少，进行横向整合后比整合前，在勃兰特模型中得出的价格成本差额上升了 2%，在古诺模型中上升了 13%。	产业整合
	莫顿（2002）	制药产业的知名企业与一般企业的横向整合	进行过横向整合的企业并未表现出利用品牌效应帮助非专利药物更有效、更频繁或者更早地进入市场。	企业整合
	贾斯特，米特拉，内塔尼亚胡（2005）	产业横向整合对议价的意义	整合双方的技术多元化越高，横向整合的收益越好。	产业整合

	研究文献	研究内容	主要研究结论	研究视角
国内横向整合相关研究文献	科斯（2003）	移动数据服务产业结构的横纵向整合对比	在移动数据服务产业主要存在两种产业结构：一种是在市场驱动下的、通过横向整合形成的模块化产品体系（以芬兰移动服务市场为代表）；另一种是通过纵向整合形成的基于生态系统机构的集成产品体系（以日本移动服务市场为代表）。通过对比发现，日本的移动数据服务产业比欧洲国家的成功，纵向产业整合被证明比横向整合更合适，其主要原因可能是由于产业所处的不同市场的差异造成的，尤其是国家制度差异。	产业整合
	卡伊，小原（2009）	横向整合与企业声誉之间的关系	横向整合导致被并购的企业拥有更大的市场基础，通过更有效的惩罚措施和更好的监督来减少个别市场的异质冲突从而建立企业声誉。	企业整合
	马丁，范德凯尔霍夫湖（2011）	领导力、横向整合、捆绑销售与市场绩效在定价市场的关系	横向整合后的企业对所拥有的两种产品进行捆绑销售，在定价市场并未表现出价格领先，也没有改善市场绩效。研究结论并未证实存在"行为—结构—市场绩效"（Conduct-Structure-Market Performance）的一般关系	企业整合
	贝罗伊尔，奥图奈，埃杜（2012）	尼日利亚西南部的家禽业横向整合的经济效益	对尼日利亚西南部的家禽业横向整合的经济效益研究显示，开展横向整合后的家禽企业毛利率更高。	产业整合
	基莱（2012）	供水产业的横向整合的潜在经济收益：基于条件的效率框架	通过数据包络分析探究德国饮水产业开展横向整合的潜在的效率的提升，数据结果显示，横向整合后个体效率低下得以减轻，整个产业呈现出最高效率提升的潜力。大部分进行过横向并购后的企业都表现出了效率提升，并且这种效率的提升主要体现在三个方面：技术效率提升、协同效应和规模效应。	产业整合

续表

	研究文献	研究内容	主要研究结论	研究视角
国内横向整合相关研究文献	卓薇（2007）	我国第三方物流产业的市场结构与整合模式	尽管纵向整合和横向整合在第三方物流产业的发展过程中都扮演着重要角色，但对当前我国的第三方物流企业而言，横向整合是当务之急。增强我国第三方物流产业的整体竞争力，最有效的方法就是横向整合。只有通过横向整合形成市场集中度较高的功能型第三方物流产业格局之后，再进行纵向整合才能完成综合型物流的转变。	产业整合
	杨洵（2008）	同质竞争下的产业链横向整合的经济绩效分析	在完全信息条件下，企业如果能够放弃简单粗暴的对抗策略，选择某种程度的协作即开展产业链的横向整合，不仅能够获得更高的均衡产出导致自身收益的提高，也有利于降低产品的单位成本，提升企业竞争力。	产业整合
	王红军（2010）	企业特定优势与外部环境对地方国有企业跨区域横向拓展的方式和区位选择的影响	当地区的区位优势与企业特定优势能实现有效互补时，该地区是企业横向拓展的潜在理想区位；地区的准入风险决定了企业选择进入的方式（全资或联盟）；当企业核心能力可以实现跨地区转移复制时，横向拓展倾向于选择新建方式进入；反之，则采取并购方式进入。	企业整合
	李怀，王冬，吕延方（2011）	从上市公司并购的微观视角研究我国产业整合趋势、机理及绩效	行业内横向兼并和地区的产业集群都会有利于主营业务的增长，跨区域整合交易对短期净资产收益率和每股收益率均存在显著正向影响，因此，若企业处于主营业务发展停滞的情况下，可以通过跨区域的整合来提升净资产和整体运营绩效水平。	企业整合
	乔金晶（2011）	市场分割、行业整合潜力及企业自身特征对中国横向整合企业总部价值创造方式的影响	中国分割市场条件下的横向整合战略既包含了国际化战略的含义，又包含了市场开拓的含义，具有双重性。	企业整合

续表

	研究文献	研究内容	主要研究结论	研究视角
国内横向整合相关研究文献	蓝海林，李铁瑛，黄嫚丽（2011）	做强做大我国企业是改革的一个目标，与经济全球化以及市场经济下统一国内市场	分析经济全球化以及中国市场分割性对中国企业战略选择的双重性影响指出，对国内市场的横向整合有助于国内企业先在国内市场建立规模成本优势，再以规模成本优势为基础去建立创新优势，从而在成本和创新两个方面形成和培育国际竞争力。	企业整合
	胡雅静（2011）	以啤酒行业为案例研究、制度因素、市场因素以及企业传统对我国企业横向拓展行为的影响	啤酒行业的市场分割性对企业的横向拓展战略选择产生影响主要表现为，企业在进行横向拓展时要考虑"地方响应"的压力；从行业的全国化潜力来看，中国啤酒行业的全国化潜力较大，对企业开展横向整合有促进作用；企业的资源和能力也能够影响处于相同制度环境与市场环境中的企业横向拓展战略选择。	企业整合
	莫靖华（2012）	隶属关系、合法性基础及国有企业整合战略的关系	对国有企业整合战略的研究中指出，我国企业的横向整合战略包括区域内横向整合与跨区域横向整合。	企业整合
	宋旭琴（2012）	市场分散性对我国企业横向拓展的影响	市场分散性对我国企业跨区域经营的影响正在日益缩小，制约企业发展壮大的主要因素不是市场分散性，而是企业的内部管理能力。	企业整合
	董瀛飞，张倩肖（2013）	进入规制、产业横向整合与产业发展研究	在未来需求增长的环境下，进入规制政策降低了多晶硅产业市场集中度和平均价格加成，而产业横向整合提高了多晶硅市场的集中度，当需求增长率低于一定限度时，通过横向整合明显降低了平均价格加成和企业倒闭率。	产业整合

2.2.3 横向整合与绩效的关系

由于当前学术界存在三种不同层次的横向整合的概念（组织内部整合、产业横向整合、企业横向整合），在探讨横向整合与绩效的关系时，出现了多种不一致的研究结论。

一部分研究认为，横向整合对绩效有积极影响作用。陈建安、胡蓓（2007）基于内部整合的视角将整合视为在组织任务完成的过程中促使各子系统的努力达成统一。李怀、王冬、吕延方（2011）基于上市企业并购案例的微观视角对我国产业整合趋势、机理及其绩效展开了深入研究，研究结论表明，行业内横向兼并和地区的产业集群都会有利于主营业务的增长，跨区域整合交易对短期净资产收益率和每股收益率均有显著正向影响，因此，在主营业务发展停滞的情况下，可以通过跨区域的整合来促进净资产和整体运营绩效水平的提高。贝罗伊尔、奥图奈、埃杜（2012）对尼日利亚西南部的家禽业横向整合的经济效益研究显示，开展横向整合后的企业财务绩效显著提高。

然而，也有一些学者提出与之相悖的研究结论。马丁、范德凯克霍夫胡（2011）研究得出，横向整合后的企业在定价市场并未表现出价格领先，其市场绩效并未得到改善，且其研究结论背离了"行为—结构—市场绩效[①]"（Conduct-Structure-Market Performance）的一般关系。

由于横向整合战略与绩效的关系尚没有一个一致的结论。为了进一步理清中国情境下的横向整合战略与绩效的关系，国内学者借鉴跨国公司在国内市场开展整合战略的相关研究来解释中国本土企业在国内市场的横向整合战略，以期回答：在国内市场如何选择横向战略能够提升企业绩效，进而提升企业竞争力。

（1）跨国公司在国内市场开展整合战略与绩效的关系

一部分学者针对跨国公司的本土化战略展开了研究。周娜（2006）对跨国公司在中国市场的品牌本土化发展战略的研究指出，跨国公司在中国市场品牌运作的成功得益于跨国公司所实行的品牌本土化战略。刘刚、李峰（2008）对跨国公司在华竞争战略演变驱动力及实现路径的研究指出，跨国公司在华竞争战略正在从差别化战略转向成本领先战略。宋全敬（2008）在研究中指出，本土化战略和全球一体化战略是相辅相成的，实行本土化战略是实行全球一

---

① "结构—行为—绩效"是传统产业组织理论的分析范式，一个行业的基础结构与企业的行为和绩效相关，并影响企业的行为和绩效。

体化战略的保障和手段，是实行全球一体化战略的一种工具。如何控制本土化程度既使跨国公司的本地机构继承母公司的价值观，又使之适应当地的文化，是摆在跨国公司经营者面前的一大难题。研究围绕人员本土化、采购本土化、营销本土化、研发本土化、生产本土化、融资本体化六个维度，采用德而菲技术法构建了跨国公司的本土化系数。李宾（2011）针对跨国公司的在华研发本土化战略对中国企业技术进步的影响展开了实证分析，结果证实，跨国公司在中国国内的研发投入对中国企业的技术进步具有显著影响，并且比国内企业自身的研发投入所带来的影响更为显著。

另一部分学者针对跨国公司整合中国市场的一体化 — 本地化战略展开了研究。毛蕴诗、汪建成（2009）从战略管理的角度出发，对在华跨国公司战略选择与经营策略问题的研究中指出，在华跨国公司的战略选择可以依据一体化 — 当地化框架划分出三种基本战略，分别是高一体化战略、高当地化战略和中庸战略。基于 503 家在华跨国公司的问卷分析，实证结果显示：选择不同战略的在华跨国公司在绩效方面表现出显著差异。毛蕴诗、温思雅（2012）根据组织的一致性（alignment）与适应性（adaptability）两个维度来划分跨国公司的在华战略。其中"一致性"是指协调业务单位中的所有活动模式，使他们有着同一目标，其含义等同于"一体化／整合"；"适应性"是指迅速重新配置行动，满足不断变化的环境要求，其含义等同于"本地化／响应"。实证结果显示，跨国公司在国内市场开展整合战略，适应性（adaptability）与企业绩效呈正相关关系，而一致性（alignment）与企业绩效呈负相关的关系。

（2）中国本土企业在国内市场开展基于主业的整合战略与绩效的关系

借鉴跨国公司对国内市场开展的整合战略研究，国内学者对中国本土企业在国内市场开展的横向整合战略也从两个维度考察：全国一体化与地方化，并由此总结出了横向整合战略的三种战略类型：全国化、本地化（或多区域）、跨区域（赵汉成，2012；张存岭，2012；胡雅静，2011）。尽管如此当前国内学者对横向整合战略的研究还处于概念探索的阶段，关于具体的横向整合战略与绩效的关系仍然还处于起步阶段，有待于进一步的丰富和完善。

2.3 横向整合战略的影响因素

由于目前有关横向整合的研究相对较少，而学者们普遍认为，对国内市场整合战略的研究与在国际市场整合相似，因此，本书对横向整合的影响因素研究主要来自国际商务（IB）领域的国际化战略的影响因素研究，同时也梳理了国内学者已有的研究。

2.3.1 产业基础观视角的影响因素

以波特（1980）为代表的产业基础观认为，产业结构在较大程度上决定了企业的战略和绩效。企业在全球市场开展整合战略，应该选择哪种整合战略（全球化、多国化、跨国化），或者哪种整合战略会更成功取决于产业的全球化潜力。基于这种考虑，伊普（1989，1991）提出了行业的全球化潜力模型，用于分析某一个行业的全球化潜力大小，如表 2-2 所示。从市场参与程度来看，多国化战略的企业在考虑进入某个国家市场时，可能仅仅考虑该国家市场是否能够带来收入和利润；而全球化战略的企业会综合考虑那些能够为其带来全球利益的国家市场进入。这也就意味着，全球化战略的企业有可能会进入那些对他们本身来说并不具备吸引力，但是具有显著全球竞争意义的市场，譬如，其全球竞争对手的母国市场。从产品的供给来看，多国化战略的企业会根据每个国家的本土需求去调整产品；而全球化战略的企业会在全球市场提供统一标准的产品。从价值增值活动的定位来看，多国化战略的企业会在每个国家市场复制其价值链，而对于全球化战略的企业而言，只会将价值链的某个环节集中于某个特定国家，从而降低成本。从营销策略来看，多国化战略的企业会根据每个国家市场的特点来调整营销策略；而全球化战略的企业会在全球市场采取统一的营销策略。从竞争反应来看，对于采取多国化战略的企业，不同国家的管理者只会根据其所属市场的竞争行为做出反应互动，而不考虑其他国家的竞争；对于采取全球化战略的企业，其竞争反应会整合所有的国家市场的竞

争行为综合考虑。（如表 2-2 所示）

表 2-2　行业全球化潜力的维度／全球整合战略[1]

行业全球化潜力维度	多国化战略	全球化战略
市场参与	没有固定的模式	在主要市场共享
产品供给	不同国家产品个性化定制	全部统一标准产品
价值增值活动的定位	在每个国家都存在价值链不同环节的行为	将价值链的某一环节集中于某个国家
营销策略	本地营销	全球统一营销
竞争反应	针对某个国家的竞争做出单独反应行为	整合不同国家的竞争互动行为

伊普提出的行业全球化潜力模型表明，最理想的全球整合战略是将全球整合战略与行业的全球化潜力相匹配。并进一步指出行业的四个全球驱动力：市场驱动、成本驱动、政府驱动以及竞争驱动共同决定了企业在全球市场的整合程度（低度整合的多国化战略、高度整合的全球化战略，以及位于中间位置的跨国化战略）。

国内部分学者在借鉴伊普的全球化潜力模型的基础上，提出了国内市场分割情境下的行业的全国化潜力模型，并指出，企业在国内区域市场进行横向整合时受到所属行业的全国化潜力的影响（胡雅静，2011）。李铁瑛（2011）在研究中国横向整合企业的管理模式及绩效时指出，对中国企业在国内市场展开的整合战略研究可以采用伊普的行业全球化驱动力模型来分析行业市场特征，并通过多案例研究证实，行业的全国化潜力对企业

---

[1]伊普（1989，1991）提出的行业的全球化潜力模型。

实施横向整合战略之后采取的管理模式及运营都产生相关影响。苏水清（2012）通过实证研究证实，行业驱动力的不同维度对横向整合企业绩效的影响作用不仅相同，其中成本驱动、市场驱动对横向整合企业绩效存在正向影响，而政府驱动和竞争驱动对横向整合企业绩效的影响作用不显著；其次，成本驱动或市场驱动越高，横向整合企业的供应链整合程度对企业绩效的正向影响越强。即，行业的成本驱动正向调节了横向整合企业的供应链整合程度与企业绩效之间的关系。

2.3.2　资源基础观视角的影响因素

以巴尼（1991）为代表的资源基础观[①]认为，企业的"差异性"决定了企业的战略和绩效。沃纳菲尔德（1984）指出，与外部环境相比，企业获得经济利润，保持竞争优势进而不断成长的关键是企业所拥有的组织能力、资源和知识的积累。资源基础观视角的横向整合的影响因素主要包括企业自身的资源和能力、企业管理传统、管理模式等。

企业自身的资源和能力对横向整合战略及绩效的影响主要表现为，资金实力、技术实力和品牌实力强的企业具有较强的议价能力，在企业跨区域的过程中，能够较少地受到外部环境，尤其是区域制度环境的限制，能够获得土地、税收和信贷等方面的优惠政策。贾斯特、密特拉、内塔尼亚胡（2005）研究指出，横向整合双方的技术多元化越高，横向整合的收益越好。即，企业的技术能力正向促进了横向整合绩效。

企业管理传统包括企业的核心价值观、企业的战略思维模式和企业的管理模式等（蓝海林，2014）。企业管理传统对企业在"两难困境"下的战略选择具有重要影响作用，不仅仅是因为企业管理者很难判断是否需要改变管理传统以适应环境的变化，更重要的是企业战略管理者并不一定能

---

①资源基础观的假设是：企业具有不同的有形和无形的资源，这些资源可转变成独特的能力，资源在企业间是不可流动的且难以复制。这些独特的资源与能力是企业持久竞争优势的源泉。

够迅速改变管理传统。企业管理传统对企业战略管理行为的影响具有很强的惯性或惰性。企业管理传统能够在较大程度上反映企业的战略导向（吕源，姚俊，蓝海林，2005）。企业在选择横向整合战略及管理模式的过程中由于受到企业管理传统的影响，有可能会不顾行业特征、区域市场环境等因素的要求，采取与自己的管理传统符合的方式。企业管理模式，尤其是企业的结构、机制和文化并不是完全由企业战略所决定的一个单纯的和被动的因变量，也有可能因其具有的惯性和重要性成为企业战略选择和经营模式的自变量（叶广宇，蓝海林，李铁瑛，2012）。胡雅静（2011）对中国啤酒行业的企业横向拓展战略的研究表明企业的出生背景与成长路径对企业横向拓展战略选择具有调节作用。

2.3.3 制度基础观视角的影响因素

以诺斯（1990）为代表的制度基础观认为，企业或产业所嵌入的制度情境在较大程度上决定了企业的战略和绩效。迈克·彭（2008）基于制度基础观对国际商务战略的研究中指出，新兴经济体的国家制度环境与发达国家存在显著差异，被称为"游戏规则"的制度，包括正式制度与非正式制度，决定了企业（包括本土企业与跨国公司）的战略与绩效（霍斯金森，伊顿，刘，莱特，2000；莱特，费尔图，霍斯金森，彭，2005）。纳拉亚南、费伊（2005）、缇津等（2004）纷纷在研究中表示，对于制度、组织和战略选择之间的交互关系的研究应该引起重视。

基于制度基础观，学者们对横向整合影响因素的研究主要集中在外部制度环境、产业政策规制对横向整合战略及绩效的影响作用。厄纳（1997）在对20世纪90年代动荡环境下的美国制药产业的横纵向整合的回顾中指出，美国制药产业的横向整合是由环境中的"制度安排"造成的。基莱（2005）对移动数据服务产业结构的横纵向整合开展对比研究，移动数据服务产业主要存在两种产业结构：一种是以芬兰移动服务市场为代表，在市场驱动下的、通过横向整合形成的模块化产品体系；另一种是以日本移动服务市场为代表，通过纵向整合形成的基于生态系统机构的集成产品体系。通过对比研究发现，日本的移动数据服务产业比欧洲国家的成功，纵向产业整合被证明比横向整合更合适，究其主要原因可能是由于产业所处的不同市场的差异造成的，尤其是国家制度差异。刘冰（2010）也在研究中指出，影响整合化经济效应的主要因素是交易技术和制度环境。董瀛飞、张倩肖（2013）对进入规制与产业横向整合与产业发展的关系研究，通过模拟 2006—2015 年进入规制政策和产业横向整合对市场集中度、平均价格加成和企业倒闭率的影响，结果表明，与产业横向整合的效果相反，在未来需求增长的环境下，进入规制政策降低了市场集中度和平均价格加成。

2.4　管理模式研究

2.4.1　管理模式的研究演化

"管理模式"（Management Model 或 Business Model）是随着管理理论的产生而逐渐发展起来的，以一定的管理理论或者管理思想为指导，针对管理环境的具体情况制定出的管理制度体系。因此，指导管理模式制定的主导因素通常是某个特定的管理理论，而企业所处的管理环境对管理模式的选择也起到影响和制约作用。李众（2003）直接提出，管理理论和企业所处的管理环境共同决定了企业管理模式的选择。纵观管理模式的演化史，可以得出一个基本结论：管理理论与管理环境共同演化导致了管理模式的诞生。泰罗的科学生产理论是最早用于指导管理模式的管理理论，受限于管理理论的发展，早期的管理模式所包含的管理理论通常比较单一，随着管理科学的不断发展和管理思想的不断成熟，管理模式背后的指导思想变成多种理论的复合体，管理模式的形式和内涵也不断丰富起来。譬如，随着现代制造技术的发展，逐渐出现了以准时生产制（JIT）为代表的"日本企业管理模式"、以订货点法（Material Requirements Planning, MRP）为代表的"美国企业管理模式"。随着管理环境的日趋复杂、动态化，又出现了强调对环境做出反应的"柔性管理模式""双头鹰管理模式"等。

除了管理理论与管理环境对管理模式的影响和制约，在企业管理实践中管理模式的选择和应用总是为了实现某个特定目标，于是根据管理模式所要实现目标的差异，可以对管理模式进行区分。早期依托先进制造理论发展起来的管理模式，其目标通常包括提高产品质量、作业流程的优化、增强对环境的适应性、降低成本、组织和谐以及创新等，而近年来管理模式的目标逐渐转向关注战略目标的一致性，并且通常包含多维目标的实现等，各种管理模式的目标通常并非是单一目标，有可能是多个子目标的集合。依据时间的演化和管理模式的目标的演化，将各种管理模式的领域范围界定出来，如图 2-2 所示。

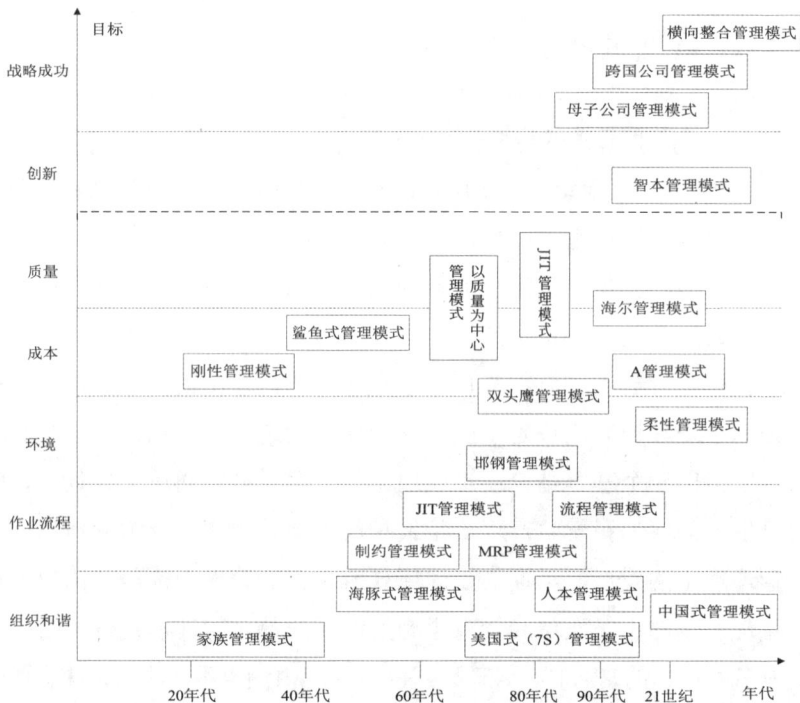

图 2-2 基于管理目标的管理模式演化[①]

[①]源自文献 - 钱颜文，孙林岩 . 论管理理论和管理模式的演进 [J]. 管理工程学报，2005，19(2): 12-17.

在管理模式的最初定义中，管理模式通常与企业所处的管理环境（包括社会价值观、文化、制度等）密切相关，后续学者的研究进一步指出，管理模式不但涉及企业的组织模式和管理方式、方法，还反映了企业的管理风格、管理传统等内容，并且很多时候是将这些内容有机集成在一起的，管理模式的选择具有高度的复杂性和不确定性。并且从总体上看，由于组织理论和管理方法的庞杂，管理模式的演进通常很难从这两个方面来分析。然而，作为特定环境下的企业组织资源配置的方式和方法的集合，管理模式的演进受到资源重要度变化的驱动。于是，管理模式的演进历程还可以结合管理要素的演进来考虑（钱颜文，孙林岩，2005）。

管理模式是管理理论在企业管理实践中的具体应用，通常是由实践过程总结出来的，具有高度的情境依赖性，因此，我们难以简单评价某一种管理模式的优劣，也不存在一种通用的管理模式适用于任何情境，现有的研究只能基于特定的管理情境下探讨最适合企业发展的管理模式。战略管理领域对管理模式的研究，主要探讨管理模式对企业战略一致、战略实施的影响。通过对战略管理学者对管理模式的研究文献的梳理，我们依据管理模式的研究主题，将当前战略领域管理模式的研究主要分为三个方向：母子公司管理模式、跨国公司管理模式与横向整合管理模式。其中前两个分支已经得到了国内外学者的广泛讨论，而横向整合管理模式目前的相关研究文献较少，且主要来自国内学者的研究。

在管理模式的最初定义中，管理模式通常与企业所处的管理环境（包括社会价值观、文化、制度等）密切相关，后续学者的研究进一步指出，管理模式不但涉及企业的组织模式和管理方式、方法，还反映了企业的管理风格、管理传统等内容，并且很多时候是将这些内容有机集成在一起，管理模式的选择具有高度的复杂性和不确定性。并且从总体上看，由于组织理论和管理方法的庞杂，管理模式的演进通常很难从这两个方面来分析。然而，作为特定环境下的企业组织资源配置的方式和方法的集合，管理模式的演进受到资源重要度变化的驱动。于是，管理模式的演进历程还可以结合管理要素的演进来考虑（钱颜文，孙林岩，2005）。基于管理要素的管理模式演变历程如图 2-3 所示。

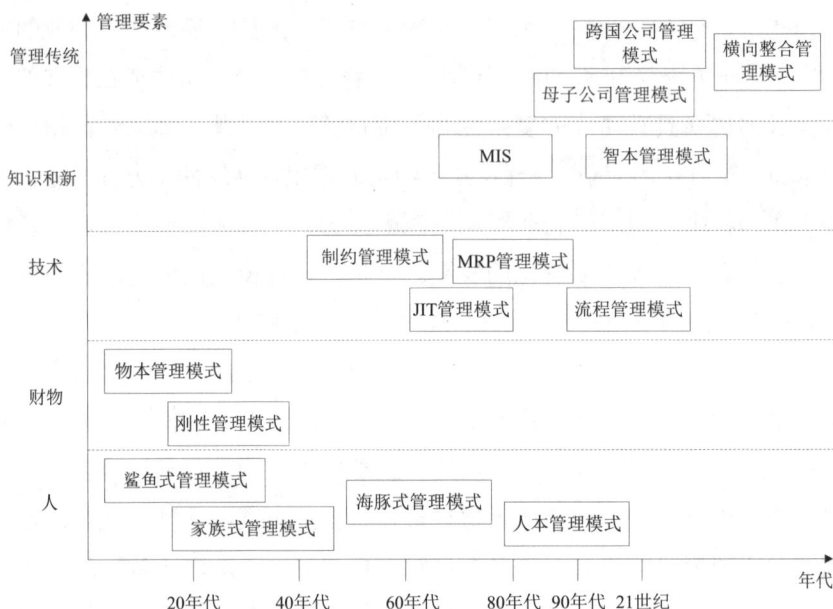

图 2-3 基于管理要素的管理模式演进（钱颜文，孙材岩，2005）

    管理模式是管理理论在企业管理实践中的具体应用，通常是由实践过程总结出来的，具有高度的情境依赖性，因此，我们难以简单评价某一种管理模式的优劣，也不存在一种通用的管理模式适用于任何情境，现有的研究只能基于特定的管理情境下探讨最适合企业发展的管理模式。战略管理领域对管理模式的研究，主要探讨管理模式对企业战略一致、战略实施的影响。通过对战略管理学者对管理模式的研究文献的梳理，我们依据管理模式的研究主题，将当前战略领域管理模式的研究主要分为三个方向：母子公司管理模式、跨国公司管理模式与横向整合管理模式。其中前两个分支已经得到了国内外学者的广泛讨论，而横向整合管理模式目前的相关研究文献较少，且主要来自国内学者的研究。

国内仅有八篇文献中涉及横向整合管理模式的研究内容。李铁瑛（2011）在对中国企业横向整合管理模式的相关文献分析和案例研究的基础上，提出企业在以下管理决策上的选择以及这些选择之间的结构关系将是构成实施整合管理模式的主要内容：（1）组织形式；（2）组织结构；（3）管理机制。叶广宇等（2012）从制度基础理论、市场基础理论和资源基础理论三个角度分析了企业横向整合管理模式的主要影响因素，构建了横向整合管理模式的研究模型，主要从六个维度来衡量在国内市场开展横向整合战略的管理模式是趋于集权还是趋于分权。这六个维度分别是：组织结构、权力机制、高管团队、高层管理者的评价与激励、控制机制以及企业文化。赵汉成（2012）、孙存岭（2013）在对中国企业全国化战略与横向整合管理模式关系的研究中指出，横向整合管理模式是企业为了有效实施横向整合战略而在组织结构、权力控制以及管理机制上的关键选择的集合体。该研究对企业横向整合管理模式的测量维度主要有三个方面：（1）跨区域分支机构的组织形式；（2）母公司对跨区域分支机构的权力控制机制；（3）母公司对跨区域分支机构的高管激励方式。叶广宇、刘美珍（2013）认为横向整合管理模式可以从两个维度来测量：分支机构管理模式的一致性以及分支机构的管理权限。叶广宇、黄晓洁（2013）进一步将横向整合管理模式细分为组织结构、经营活动集中度、产品标准化程度、高管来源与能力、评价与激励方式、控制机制及文化认同 7 个方面。皮圣雷（2013，2014）在对转型期中国横向整合企业动态竞争策略与管理模式研究中，管理模式定义为：组织通过高度提炼与总结，找出针对解决某一类特定管理问题的一整套管理系统与方法，管理模式主要解决的是企业组织面对某一特定问题时的效率与效益问题。因此，围绕横向整合战略的核心问题提出横向整合企业的管理模式存在两个重要的维度：协调性和控制性。

尽管，从文献梳理来看，目前国内学者有关横向整合企业管理模式的研究基本还处于概念探索阶段，相关的实证研究较少。但是从横向整合的管理模式要解决的核心问题来看，横向整合管理模式主要探讨如何通过组织设计与管控机制促使跨区域分支机构与企业总部保持战略目标一致，最大限度地获得企业整体绩效最优。从这个意义上看，横向整合的管理模式与跨国公司管理模式都属于母子公司管理模式的研究范畴，同时跨国公司管理模式对我们研究中国企业的横向整合管理模式有一定的借鉴意义。

由于横向整合管理模式与跨国公司管理模式都是以母子公司管理模式为基础发展起来的，解决不同情境下的企业管理模式问题的研究。依据管理模式背后所依托的管理理论来看，母子公司管理模式的研究主要是依托于管理控制理论和委托代理理论发展起来的。于是，本研究对横向整合管理模式的研究主要借鉴了母子公司管理模式以及跨国公司管理模式，基于管理控制理论视角和委托代理理论视角展开。

2.4.2 管理控制理论视角下的管理模式研究

诺伯特·维纳最早在《控制论 —— 关于在动物和机器中控制和通讯的科学》一书中提出了控制论的思想，他认为控制论是一种研究生活、社会和机器中控制和交流的科学，更进一步，控制论就是研究在复杂动态环境中动态系统保持平衡状态的科学。随后，控制论在自然科学和社会科学领域得到了广泛应用。而企业管理领域最早提出管理控制的是当代管理之父法约尔，他在著名的《工业管理与一般管理》提出控制作为管理的五项基本职能之一，其主要作用在于考察企业的各项工作是否符合已订计划、已下达的指示及已定原则。美国管理学家孔茨认为，管理工作的控制职能是通过对企业绩效的衡量与校正，确保企业目标的实现和为达成目标所制订的计划得以顺利实施。早期的管理控制领域主要关注内部控制（即财务控制），完全属于企业内部经营的范畴。而涉及公司总体发展，尤其是企业集团整体战略目标的确认、母子公司关系的协调、资本预算、红利分配等方面，内部控制的作用又过于局限。于是，除了财务控制，管理控制机制所包含的内容逐渐丰富起来。

对于管控模式的内涵和分类，大多数学者都是基于集团公司对子公司的集权程度的不同予以考量的。范希尔（1979）首先对集团管控模式进行了系统研究，提出集团公司对子公司的控制模式，可以依据母公司对子公司的授权程度进行分类，如果母公司授予子公司的权力较大，子公司的自主性较强，就表示母公司对子公司采取了分权的管理模式；而若母公司向子公司授予的权力较小，子公司的自主性弱，就表示母公司对子公司采取了集权的管理模式。乌奇（1977，1979）对管控方式进行了深入研究，将管控方式分为三种类型，分别是官僚管控、市场管控以及团队管控。这种划分实质上也是集分权模式的反映，从对应关系来看，官僚控制可以对应集权模式，市场控制对应分权模式，而团队控制则介于集权模式与分权模式之间。坎贝尔（1988）认为集团公司可以通过战略规划、资源配置、绩效考核以及共享服务等方面来影响子公司，并基于此提出了三种普遍的管控型态：第一种被称为战略规划型，采取这种管控模式的企业，母公司会介入子公司的经营和决策过程；第二种被称为战略控制型，采取这种管控模式的企业，母公司保留对子公司审核和评价的权力的基础上会适当授权给子公司；第三种也被称为财务控制型，在这种管控模式下，子公司拥有全部的经营决策权，即母公司对子公司彻底放权。与坎贝尔（1988）的划分相似，希尔（1990）从控制的内容出发来界定集团与子公司的关系，分为三种类型：运营控制、市场控制以及战略控制。运营控制，即集团介入子公司的运营，此时集团公司对子公司的管控形态也被称为 M 型（Multidivisional structure）；市场控制，即集团运用绩效考核工具衡量子公司的业绩，此时集团公司对子公司的管控形态被定义为 H 型（Holding company，H-form）；战略控制，即集团从战略角度确定子公司对母公司战略使命的认可程度，此时集团公司对子公司的管控形态被界定为 U 型（United structure）。哈里略、马丁内斯（1990）也将控制机制分为正式控制机制和非正式控制机制。其中正式控制对应着高度集权的管理，包括集权化和正式化；非正式控制对应着高度分权的管理，包括团队合作与非正式沟通等。

国内学者对管控模式分类的方法众多，既有三分法，又有四分法，甚至还有九分法。台湾学者余明助、秦兆玮（2002）在控制理论的基础上提出了管控模式的三分法，结合代理理论和企业资源基础观，将母公司对子公司的控制方式分为行为控制、产出控制、社会控制。然而，实际上这种分类也没有脱离以集分权程度为基础，行为控制模式可以视为相对集权型，产出控制模式可以视为相对分权型，社会控制模式则介于集权和分权之间一种的控制模式。李维安（2002）从公司治理角度分析了管控体系的主体和客体、边界和范围、机制和功能、结构和形式，并将控制机制分为间接控制机制、直接控制机制和混合控制机制三种，提出要考虑子公司规模、子公司治理机制等因素建立集团管控框架。左庆乐（2003）认为母子公司的管控必须配合相关管理制度，包括权责划分、人力资源、财务管理、绩效管理、信息化管理等。基于母公司对子公司的集权分权程度不同，他提出了三种管控模式，分别是集权式、分权式和统分结合式，并进一步指出，对于我国企业集团来讲，统分结合式更适合。王钦、张云峰（2005）统计了对国内外不同行业、不同发展阶段的大型企业集团，通过案例分析，发现虽然不同集团的集分权程度不同，集团总部的动能不同，就企业集团的内部管控模式而言，大致可以划分为财务管控、战略管控、经营管控三种类型。陈志军（2007）根据子公司治理体系的完善程度，把管控模式分为三种类型：行政管理型控制模式，即母公司对子公司的治理体系不干预；治理型控制模式，即母公司对子公司的治理体系干预较少；管理型控制模式，即母公司较多干预子公司的治理体系。袁重生（2014）依据集权程度将企业集团管控模式分为三种类型：操作管控型、战略管控型以及财务管控型。操作管控型对应高度集权，财务管控型对应低度集权，而战略管控型则对应适度集权。

管控模式四分法的支持者当推葛晨、徐金发（1999），他们对北大方正集团、中国华诚集团等公司的管控模式案例进行了研究对比，认为资本控制、行政管理、自主管理、平台控制是四种类型的集团管控模式。基于每种类型的管控内容，葛晨、徐金发指出，主要从战略、财务和执行三个层面实施控制。席酉民、梁磊、王洪涛（2003）从组织演进、管理机制和环境适应等方面，对企业集团的运行特征和发展规律进行了研究，根据母公司本身的定位及母公司对子公司业务的干预程度，将管控模式分为四种类型，分别是经营者、策略控制者、策略规划者和控股公司。黄伟亚（2010）指出，集团公司存在四种管控模式，分别是运营管理、战略控制、战略设计、资本控制，各自有不同的特点。运营管理型的特点是集团公司直接接入成员企业的经营管理，控制企业的财务管理、人力资源管理和生产经营活动；战略控制型的特点是集团公司不介入成员企业的经营管理，而是进行监控，集团公司对成员企业主要进行集中财务管理和人力资源管理；战略设计型的特点是集团公司通过成员企业的经营方向、经营目标进行指导，对其发展从战略层面进行协调；资本控制型的特点是集团公司不参与成员企业的具体运营管理，仅仅对成员企业提供金融支持。任伟林（2012）根据母公司对子公司的集权程度将母子公司的管控模式分为 A 型、V 型、W 型和 H 型。其中 A 型管控模式代表企业集团高度集权的管控方式；V 型管控模式代表高度分权的管控方式；W 型管控模式集分权度介于 A 型与 V 型之间；H 型管控模式是一种相对分权且没有明显母公司的管控方式。

　　管控模式的九分类法是由白万纲（2009）提出的，他认为母公司对子公司的管控模式并不是万能的，三种管控模式的划分只是原则划分，如财务型、战略型、操作型，公司治理是管控的前提和制约因素，管控不只是解决组织流程和协同性问题，也可以解决组织运作问题，打造核心竞争力问题、总部管理力度和效度问题。于是将管控模式进行了细分，分为九类：在财务管控型和战略管控型的基础上，以及流程上增加了投资管控型、制度管控型、组织管控型、职能管控型和业务管控型，依据内容增加了核心人员管控型和核心资源管控型。

　　综上所述，尽管国内外学者对管控模式的内涵和分类进行了丰富的讨论，母子公司管理控制机制和手段多种多样，不同的管理控制机制和手段组成了不同的母子公司管理控制模式。许多学者从不同视角提出了母子公司管理控制模式的划分标准，然而整体看来，已有的研究对管控模式的划分基本都是建立在集团公司对子公司集权程度的基础之上。

2.4.3 委托代理理论视角下的管理模式研究

根据委托代理理论，在母子公司管理实践中，存在两组代理人，分别是母公司高层管理团队与子公司高层管理团队。母公司高层管理团队受母公司的董事会委托，负责整个企业集团的战略制定和实施，其目的在于创造整个企业集团价值的最大化。而子公司高层管理团队一方面受子公司的董事会委托，负责子公司的经营战略计划的制订和实施；另一方面也受到母公司通过派遣董事、监事及经理等方式，旨在保证整合企业集团战略决策被有效实施、对子公司展开的控制和协调。在子公司层面，子公司的管理者与母公司的管理者或经营者之间存在着多级的代理关系，进一步阐释就是：集团公司的所有者将集团公司的决策权委托给母公司的高管，而母公司的高管则要将集团公司所有者对其委托的一部分经营权再次委托给子公司的所有者，子公司的所有者则将其进一步委托给子公司的高管团队，这中间存在着多重委托下的代理问题，信息不对称、责任不对等和利益不一致的问题比单一公司更为复杂，因此，需要设计更为复杂全面的治理结构和机制。基于委托代理理论，学者们主要讨论了集团公司对子公司高管激励模式、绩效评价方式的选择。

（一）集团公司对子公司高管激励模式选择

一方面，学者们对子公司高管激励方式的研究中考虑了长期激励与短期激励。杨馥霞（2008）认为，对子公司经营者薪酬激励机制的设计应该考虑将年薪制与股票期权制有机地结合起来，从薪酬管理的实践来看，年薪制是一种可以调动公司经理人短期积极性的激励方式，而股票期权是一种能够调动经理人长期积极性的激励方式，二者的有机结合对子公司经营者激励的有效性主要体现在三方面：（1）在年薪制的基础上给予子公司经营者一定的股权激励，可以将子公司经营者的薪酬收入与公司长期发展绩效联系起来，从而鼓励子公司经营者更多地关注子公司的长期持续发展，克服了单一使用年薪制可能带来的子公司经营者行为的短期化；（2）给予子公司经营者一定的股权激励，可以将子公司经营者的薪酬收入与子公司的经营绩效联系起来，使经营能力强或者努力程度高的子公司经营者有机会获得更高收入，是企业家价值的体现，有效地防止了经营者的偷懒行为；（3）年薪制与股权激励的集合能够有效地对子公司经营者进行正面的利益激励，强化他们对子公司资产和经营状况的关切度。同时，研究也考虑了绩效考核对薪酬激励机制实施的重要性，通过绩效考核指标的分解确保子公司经营者依据子公司目标和母公司战略调整个人目标，从而保证了公司整体目标的实现。

布洛克、科奥克（2007）基于委托代理理论研究了对海外子公司的利润分享计划、宽带薪酬对一体化 — 地方化战略的影响作用。研究发现，利润分享计划对全球化战略没有影响，对多国化战略有显著影响作用；多国化战略的子公司采用利润分享计划比不采用利润分享计划的，绩效显著更好。全球化战略的子公司采用宽带薪酬比不采用宽带薪酬，绩效更好。多国化战略对其子公司采用宽带薪酬比不采用宽带薪酬的绩效显著更好。

周碧华、林峰（2008）基于委托代理理论探讨了跨国公司海外子公司激励机制的选择，提出在跨国公司对海外子公司的激励方式的选择上，可以根据工作表现出的监管难度大小来选择以行为还是以产出为基础核定工资标准（西斯哈德，1989；拉贾戈帕兰，芬克尔斯坦，1992）。基于行为的薪酬计划是在代理者完成既定的工作后，支付其固定的工资额，否则进行相应惩罚。由于薪酬的数量能控制到低水平，以行为为基础的薪酬计划带来的管理风险相对较低（罗斯，奥唐纳，1996）。而基于产出的薪酬计划是根据管理者的业绩，而不是根据他们的行为支付工资。其进一步实证结果证实，海外子公司经营者的努力程度与支付给他们的固定报酬无关，通过增加固定支付对经营者努力没有激励作用。基于产出的薪酬计划能够对海外子公司经营者起到明显激励效果。他们的研究表明，跨国公司对海外子公司的薪酬模式的选择应该同时考虑固定薪酬与激励性薪酬结合的方式，并且可以适当强化激励性薪酬的作用。

另一方面，也有学者在对子公司高管激励方式的研究中同时考虑了物质激励与非物质激励。陶凤鸣（2008）考察了跨国公司对东道国子公司高管的物质激励以及培训与晋升激励对跨国公司内部知识流动的影响作用。实证研究结果证实，物质激励有利于东道国子公司高管更好地吸收和消化来自母公司或跨国公司内部其他部门的知识与信息，可以进一步增强东道国员工的学习能力；而培训与晋升激励则有助于在华子公司的内部知识流入。在跨国公司对东道国子公司管理模式的选择上，物质激励和培训与晋升激励的使用都应该引起重视。

再者，学者们对激励方式的研究也考虑了显性激励与隐性激励，这是基于激励合约的性质对高管激励方式的分类。显性合约是指高管的贡献能被第三方机构证实和清晰度量，且能明确写入的激励合约。在实践中通常认为显性激励的常见形式包括年薪、绩效薪酬等。隐性合约是指代理人的努力程度不能被第三方证实，其行为结果也难以度量，因此不能被写进显性合约，委托人承诺将会在其实现既定的目标后，将约定的报酬支付给代理人。企业实践中常见的隐性激励形式有在职消费、职位升迁、社会声誉等。从囊括的内容来看，显性激励与隐性激励的分类所包含的内容更广泛，基本涉及了长期激励与短期激励、物质激励与非物质激励的所有内容。而从研究的关注度来看，当前学术界对隐性激励的关注和研究相对较少。

（二）集团公司对子公司绩效评价方式

有关企业集团对子公司绩效评价指标及方式的选择研究，其早期的研究普遍关注财务指标的应用，非财务指标的作用在这一时期并未得到重视和应用。齐诺（1976）以30家美国跨国企业集团为研究对象，发现他们对子公司绩效的评价指标首先考虑现金流及其安全性，其次是长期获利能力。马里埃尔（1969）对50家跨国公司的业绩评价及控制系统进行分析发现，母公司对海外子公司进行评价与其对国内子公司的绩效评价的选择指标并无差异，常用指标均包括销售利润率、投资报酬率和剩余收益等财务指标。梅尔奈斯（1971）对30家美国跨国公司的业绩评价系统的分析研究指出，投资报酬率是最常用的评价指标。随后，罗宾斯、斯托博（1973）、佩尔森，莱西格（1979）的研究中得出了相似的结论。

随着业绩评价理论研究的发展和全球竞争的加剧，海外子公司运营环境因素对其绩效的影响作用开始受到母公司的重视，由此母公司在评价海外子公司绩效时除了原有的财务指标，开始加大非财务指标的比重，于是出现了对综合绩效评价体系的重视和应用。阿卜杜拉、凯勒（1985）研究发现投资报酬率、利润、投资报酬预算比较以及利润预算比较四个因素对于评价海外子公司及其高管人员的绩效特别重要。到 20 世纪 80 年代后期，跨国公司开始意识到过分强调短期财务绩效是导致其竞争不利的重要原因，于是绩效评价指标逐渐调整为以财务指标为主、非财务指标为辅的综合绩效评价体系；评价海外子公司的绩效开始更多地使用比率化的现金流量指标和非财务指标。20 世纪 90 年代平衡记分卡的出现和广泛推广应用，才使得非财务指标在母子公司绩效评价中的应用得以被真正重视。刘郎道（2004）对韩国企业集团内部绩效评价体系的研究指出，在指标设计方面，没有考虑各个分支机构所面临经营环境的差别化评价指标（即非财务指标），阻碍了绩效评价获取实质性效果。

国内学者对母子公司绩效评价的研究也围绕着财务指标与非财务指标展开，并加入了新的理论视角的解释，得出了一系列结论。于增彪、张双才（2004）研究指出，当前我国企业对集团内部绩效评价主要是基于社会这个外部主体的视角对集团整体绩效进行评价，然而在企业实践中，出于对企业集团管控视角的考虑，与企业集团整体绩效评价相比，母子公司业绩评价才是集团评价的最重要的组成部分。邢向阳（2007）也得出了相似的结论，并进一步指出，母子公司绩效评价时，必须从企业集团整体出发，从母公司层面的视角来考虑对子公司的绩效评价问题。李彬（2010）引入合作网络视角的考虑，认为母子公司绩效评价具体指标设计应该从结构业绩评价指标和关系业绩评价指标两方面展开。其中结构业绩评价指标主要是指能够反映子公司财务状况的指标，具体包括偿债能力、营运能力、盈利能力以及发展能力等。而关系业绩评价指标则是从网络视角考察子公司在集团网络内部的合作范围、合作程度以及合作稳定性等三个方面。戴冕（2008）认为绩效管理及评价是管理控制的重要组成部分，母公司对子公司的绩效管理方法、流程、侧重点依据母公司对子公司采取不同的管理控制模式也有所不同，绩效评价方式的选择需要与母子公司管控模式相配套。根据母子公司管理控制模式的划分，研究提出了三种母子公司绩效管理模式：行政管理型绩效管理模式、自主管理型绩效管理模式、治理型绩效管理模式。相似的研究还有，安中涛（2007）在委托代理理论的基础上，结合系统理论和权变理论的考虑，构建出三种绩效评价模式：战略控制型绩效评价模式、战略导向型绩效评价模式和财务控制型绩效评价模式。

从现有母子公司绩效评价的研究来看，大部分学者都认为财务指标与非财务指标的组合可以达到很好的效果，不能偏重一方。对子公司的绩效评价如果仅仅考虑财务指标会导致子公司的短期效应，譬如会导致子公司不注意对当地市场的开拓、研发和商誉等；而仅仅考虑非财务指标则会导致利润下滑，譬如为了提高地客户的满意度而造成产品成本大幅上升，并且单以定性指标来考核子公司绩效也无法形成有效的判断，无法为进一步确定激励方式的选择提供基础。

在财务指标与非财务指标的基础上，母子公司绩效评价的研究也出现了对客观绩效评价和主观绩效评价两种方式的关注。客观绩效评价是指定量的财务指标和计算公式，将实际绩效与预先设定的绩效标准相比较的绩效评价方法；而主观绩效评价则是基于评价者个人主观判断或基于主观指标的绩效评价方法（吉布斯，2004）。在母子公司关系中，子公司属于多任务代理人（multi-tasking agency），而在多任务代理人下，客观绩效评价的误导作用突出，主观绩效评价（subjective performance measurement）的应用可以在一定程度上矫正组织的效率扭曲（贝克，吉本斯，墨菲，1994；吉本斯，1998；普伦德加斯特，托佩尔，1992）。骆品亮（2001）在经典代理模型的基础上，引进主观评价机制，研究指出，通过对客观绩效评价适当加入主观评价成分（加权），或者引入主观绩效评价与客观绩效评价进行优化组合，得到可取的最佳组织效率。高晨、汤谷良（2009）通过多案例比较分析得出，主观绩效评价在我国企业的绩效评价体系中所占的权重在 5% ～ 35% 之间，但整体趋势是逐年增加；公司的发展阶段对主观绩效评价的权重和内容有显著影响，随着企业进入成长、发展和快速扩张期，企业绩效评价体系中主观评价的权重得以增加。

整体来看，当前学者们对财务业绩指标和非财务业绩指标的讨论已经非常充分，并取得了较为丰富的成果，而对客观绩效评价和主观绩效评价的组合及优化问题尚未引起我国学术界的重视。

2.5　研究述评与创新切入点

从横向整合概念的研究层次来看，目前主要存在三个层次的横向整合，分别是：组织内部的业务单元或业务间的横向整合，产业横向整合以及企业层次的横向整合。组织内部的业务整合或系统整合，由于尚未打破企业边界，不属于本书的研究范畴。产业横向整合主要探究产业演进过程，产业结构的优化、升级等内容。然而，随着国内外学者对产业整合的关注和重视，逐渐有学者意识到，产业整合的视角应该逐渐从宏观、中观转向企业微观视角，探究作为企业发展战略的一个重要选择，产业横向整合对企业改善绩效、保持竞争优势有重要影响和作用机理（郭新兴，2010）。这也是近年来国内学者对企业层面的横向整合不断关注和重视的原因。

本书从横向整合的企业微观视角切入，对现有的宏观、中观视角的产业横向整合是一种补充和完善。尽管学者们基于实践和理论分析指出，横向整合战略是对应于当前中国企业在面临市场分割性和经济全球化的双重压力下，最大程度地利用国内市场的规模优势，做强主业的最佳战略选择。然而，一方面，国外学者对横向整合与绩效的关系尚未得出一个一致的答案，国内对横向整合战略的研究基本还停留在质性研究的基础上。那么，在中国情境下，横向整合是否能促进当前阶段中国企业的绩效提升，还有待于进一步的实证研究检验。

另一方面，与之相匹配的横向整合管理模式的研究仍然停留在对其概念及内涵的探索阶段。现有文献对管理模式的研究纷繁庞杂，从管理模式的研究演化来看，管理模式的研究经历了从最初的以先进制造理论为基础发展起来的一大批以解决实际生产问题的管理模式，一直到今天的以现代企业管理理论为基础发展的母子公司管理模式、跨国公司管理模式以及横向整合管理模式。其涉及的内容广泛，依托的理论繁杂。本研究基于管理控制理论以及委托代理理论对母子公司管理模式及跨国企业管理模式的内容进行了回顾。可以得出，现有的母子公司管理模式与跨国公司管理模式的相关研究已经相对完整，而对于中国企业横向整合管理模式的研究还相对较少。横向整合管理模式的研究可以借鉴母子公司管理模式与跨国公司管理模式的相关研究展开。

已有的文献中探讨产业结构对整合 — 响应战略及绩效的影响关系的研究较多（布肯歇等，1995；科布林，1991），而探讨宏观环境层面和组织层面的因素对整合 — 响应战略及绩效的影响作用的研究较少。然而已有学者逐渐认识到宏观层面的情境因素，比如东道国环境复杂性或制度环境、文化距离对整合 — 响应战略的影响，古德勒姆等（1999）甚至提出企业所嵌入的国家文化和制度因素的决定因素比企业本身所嵌入的情境（企业规模，产业结构等）的决定性因素更有影响力。而组织层面的因素，组织机构、管理模式、薪酬模式等对一体化 — 地方化战略的影响也得到了学者的关注，譬如，罗（2002）研究指出，管理传统与战略目标和环境因素共同决定了企业在一体化 — 地方化之间的平衡与绩效。于是，本研究拟从环境层面和组织层面切入，综合考虑环境层面的制度因素以及组织层面的管理模式对横向整合与绩效关系的影响作用。

2.6 本章小结

本章详细回顾了国内外学者有关横向整合、管理模式的研究文献。先是总结了横向整合的相关研究，包括横向整合的国内外研究进展、横向整合与绩效的关系；其次，回顾了横向整合影响因素的相关研究，包括产业基础观、制度基础观和资源基础观视角的横向整合的影响因素；接着，梳理了管理模式的研究进展、研究维度及管理模式与绩效关系的研究文献。最后，在对上述文献归纳整理的基础上，提出了本研究的创新点。

第3章 市场分割与中国企业的横向整合战略

3.1 市场分割的形成与国内"联邦制"市场

3.1.1 市场分割的形成原因

地方市场分割是指一国范围内各地方政府完全出自维护本地利益的目的，限制外地资源进入本地或限制本地资源流向外地，其采取的方式主要是使用一系列行政管制手段（银温泉，才婉茹，2001）。近年来，大量关于中国市场分割的研究指出，地方保护主义是导致中国省际贸易壁垒较高和国内市场分割的一个重要原因（庞塞特，2004）。从广义上来看，地方保护主义是地方政府为了维护其辖区内各经济主体的利益，利用行政权力采取的各种对区域经济的保护行为。这种政府行为导致中国企业在国内市场经营面临的实际情况是，各区域市场内广泛存在的地方保护主义导致了区域之间的较高的贸易壁垒，商品和要素难以根据回报最大化原则在全国范围内自由流通。

关于中国区域市场分割的动因，已有的文献主要基于两种假设进行解释。现有的主流文献基本都是在封闭经济条件下对市场分割的形成原因做出回答。这部分研究主要存在以下五种观点：

（1）财政分权说。持这类观点的学者认为20世纪80年代以来的行政性分权改革所形成的体制存在严重缺陷，直接导致了地方市场分割（银温泉，才婉茹，2001）。永（2000）认为中国推行的渐进式改革伴随着资源分配的扭曲，地方政府为了保护下放财权的过程中产生的既得利益，会通过行政手段加剧这种资源扭曲的状况，中国的分权化改革导致了国内市场呈现出各区域地方政府控制下的"零碎分割的区域市场"局面。这种行政性分权的不良影响主要体现在两方面，一方面，从财税体制来看，财政包干诱导了区域政府产生增加本级财政收入的动机，进行盲目投资和重复性建设，进而导致各地区间的产业趋同，国内市场的资源配置效率低下。另一方面，从企业的管理权下放来看，企业划归地方或由地方新建后，地方国有企业就成了地方财政的重要财源。同时国企改革进展缓慢，政企没有真正分开，企业并没有真正成为能够独立经营的市场主体，地方政府对国有企业的把控，再次强化了地方政府作为一级利益主人的身份（沈立人，戴园晨，1990）。为了保持财政收入的稳定性，地方政府采取市场分割的手段来确保本地企业的发展。鲍伊等（2004）通过研究表明，地方政府往往倾向于保护国有成分比例高和利税率高的地方企业。

（2）政府竞争说。政府竞争说认为是各区域政府间的竞争导致了地方保护主义和市场分割的产生。周业安、赵晓男（2002）认为在既定的政府管理体制下，各区域政府之间出于争夺经济资源的目的而展开竞争是市场化改革带来的经济领域分权的后果，同时又由于垂直化行政管理架构和资源流动性的限制，也可能导致区域政府之间的竞争会不利于经济的良性增长。皮建才（2008）在地方政府间竞争的框架下分析了区域市场整合，研究指出，基于中国情境来分析市场分割以及对区域市场的整合有一个前提大框架和大背景，即区域政府之间的相互竞争。在中国地方政府间竞争的框架下市场的自发扩展趋势会受到人为的阻碍。与此相近的观点同样体现在其他一些文献里（谢小波，2004）。

（3）晋升激励说。晋升激励假说注意到中央政府对地方政府的激励体制中除了财政经济激励外还存在一种更为根本的晋升激励。构建一个零和博弈的政治竞标赛模型，研究指出政治晋升激励的一个重要基本特征是：一个官员的晋升往往导致另一个官员丧失了晋升机会。这种官员晋升特征促使地方官员之间相互竞争的关系非常突出，从而导致面临政治和经济双重竞争的地方官员之间选择合作的可能性非常小，而相互竞争的可能性则非常大。利用经验数据验证了晋升激励假说。刘瑞明（2008）进一步构建一个建立在以政治控制权收益为目标的晋升激励框架，利用模仿博弈模型，研究表明，考虑到地区官员都想占据在政治控制权收益中的相对优势地位，在信息约束与风险规避条件下，地方政府官员将以最大化自身收益为目的采取模仿经济发展方式的战略。

（4）分工抑制说。分工抑制假说认为，地方保护和市场分割是地方政府进行策略性分工所带来的后果。路铭、陈钊、严冀（2004）基于收益递增的假设下，深入研究了产业重复建设和区域经济分割的根源，研究指出，由于发达地区与落后地区在产业比较优势和区级贸易利益分享份额上存在显著差异，落后地区在这两方面的弱势非常明显，落后地区一般会选择在早期暂时不加入分工体系，虽然这将导致落后地区失去当期分工的收益，但却有可能在未来提高落后地区在分配分工收益的谈判中的议价能力，甚至有可能进一步实现对发达地区的赶超。在我国当前的制度安排下，市场分割是欠发达地区同发达地区博弈造成的（吴向鹏，2006），在后续研究中，陆铭等（2007）进一步研究指出，由于"干中学"效应，落后企业通过保护他们的弱势产业，实现比较优势逆转，以期在未来分工中占据主动地位。

（5）赶超战略说。赶超战略假说认为改革以来中国的地方保护和市场分割，是在分权体制下重工业优先发展的赶超战略的逻辑延伸（林毅夫，刘培林，2005）。在改革后的分权体制下，各地方政府出于保护当地企业免于遭受国际和国内其他省份的竞争的目的而采取一系列对区域经济的保护行为。由此，学者们也提出了一个假说就是，赶超特征越强的省份，地方保护和市场分割的现象就越严重。为了验证这一假说，林毅夫、刘培林（2005）在樊纲等估算的商品市场发育程度和要素市场发育程度指标的基础上构建了一个综合的市场一体化指标，用度量发展战略特征的技术选择指数（TCI）作为解释变量，并用市场一体化指标作为因变量，进行简单的最小二乘估计，发现 TCI 越高的省份，其市场一体化指数越低。他们的研究结论支持了赶超战略假说。

上述五种假说几乎占据了有关市场分割动因的大部分主流文献，然而随着经济全球化的推进，越来越多的学者开始思索：经济开放是否加剧了国内区域市场的分割性？经济全球化对我国市场分割的影响引起了学者们广泛的讨论，并且形成了两种互为对立的观点，一部分学者认为，政府的财政分权会激励地方政府采取保护政策并导致地区经济的非专业化，但对外开放会逐步弱化财政分权的激励效用（马光荣，杨恩艳，周敏倩，2010）。而近年来也有一部分学者基于开放经济视角，探讨经济全球化对中国区域市场分割的积极影响。利用 1985—2001 年的省际面板数据，陈敏、桂绮寒等（2007）实证研究得出了肯定答案，经济开放对我国国内市场的分割起到了促进作用。但是也有学者指出，他们的研究欠缺在一个统一的理论框架下对经济开放加剧国内区域市场分割的解释。于是，张松林（2010）基于社会分工的视角，在陈敏、桂琦寒等（2007）研究的基础上，利用超边际分析方法建立了一个简单的新兴古典经济学模型框架，并由模型推导出，在封闭经济条件下的一定范围内的交易效率不会导致市场分割，而在开放经济条件下却可以引起市场分割。于是，该研究结论印证了，以往的基于封闭经济条件下对中国市场分割性的动因的探讨都是不够全面的。只有将封闭经济和开放经济的视角结合起来才能够对中国区域市场分割给出更为合理的解释。

除了上述两种视角，也有学者提出，市场分割和地方保护主义在很大程度上是由于区域经济产业同构造成的。刘瑞明（2007）在总结现有理论的基础上指出，从本质上来看，地方保护与市场分割是区域间产业同构的一个表现。因为无论处在哪种经济激励机制下，在各地区产业结构合理分工的情况下，即不存在产业同构现象的情况下，区域间的贸易对双方都有利，那么就会推动区域间交易。因此也就是，在区域交易互利的条件下，不会导致市场分割和地方保护主义的产生。只有在地区间的产业结构是相同的这一前提条件下，地区间存在相互竞争的关系，各地区政府完全基于自身利益考虑，为争夺市场于是只能人为地设置贸易壁垒，阻碍资源的自由流动，导致地方保护主义和市场分割现象的出现。王文秀（2010）也指出，财政分权是区域市场分割形成的历史因素，而产业结构趋同则是国内区域市场分割的现实因素。我国各地区之间重复建设造成产业结构趋同，各地区之间进行交易的可能性降低，对市场分割形成了一种推力。

3.1.2 "联邦制"市场与全球市场

中国市场分割性的存在，使得中国市场呈现"联邦制"的特点（梅耶尔，2008）。这种"联邦制"主要体现在，作为一国市场，中国市场存在一定程度的统一性；而地方保护主义所导致的各区域制度环境的差异，使得中国市场又存在显著的分割性。

关于目前国内市场的统一性与分割性，一直是目前学术界比较有争议的一个话题。一方面，一部分研究指出，国内市场分割处于上升趋势。譬如，永（2000）通过各地区国民收入的五个部分（农业、工业、建筑、交通和贸易）和三次产业（第一产业、第二产业和第三产业）在国民生产总值中相对比重演变的经验数据，研究得出中国国内市场地方保护主义呈逐渐上升趋势的结论。通过对中国各省份 1978—2000 年间产出的潜在损失记性分析，郑毓盛（2004）研究表明，地方保护和市场分割自改革以来呈现总体上升趋势。另一方面，与之相对立的是，也有研究指出，国内市场的统一性正在上升，分割性下降。诺顿（1999）通过对中国省市投入 — 产出表的数据分析得出，国内市场一体化程度有所提高的论点。白重恩等（2004）通过对中国产业区域专业化水平整体趋势的考察，认为国内市场一体化水平在经历了早期的微弱下降后，近几年来有显著提升的趋势。国务院发展研究中心"中国统一市场建设"课题组，根据大范围问卷调查结果，指出当前中国市场地方保护依然存在，但程度比 20 年前减轻很多，比 10 年前略有减轻的论点（国务院发展研究中心，2006）。徐现祥、李郇（2005）构建了一个简单可行的旨在考察地方市场分割（市场一体化）影响区域经济协调发展的分析框架，并通过实证研究指出，随着长三角城市经济协调会的成立、运行，地方市场分割对区域协调发展的阻碍作用已经下降了约 50%。

尽管目前学术界对国内市场是趋于统一还是趋于分散的问题无法给出一致见解。但是上述争议从侧面佐证了国内市场"联邦制"的论点。有学者进一步对这种"联邦制"市场进行了阐释：转型期的中国市场具有两个不同于一般国家国内市场的特点：一是市场统一性低，从中国各个区域自然气候、地理环境、人口社会、文化传统、经济发展和居民收入水平的差异程度及其影响来看，中国国内市场是个低度统一的市场；二是从各行政区域的市场化程度或者制度环境来看，中国国内市场是个高度分割的市场（蓝海林，2014）。

"一体化市场"（Integrated market）即联接成一个整体的统一市场，与之相对应的是分割性市场（fragmented marketed），以政府强制力为基础形成的人为分割的市场格局。为了进一步理清中国"联邦制"市场的特殊性，我们有必要对这种"统一市场"和"联邦制"市场从产品的流动范围和资源配置方式进行比较：

（1）产品的流动范围

通常条件下，我们可以将一国市场视为一个统一市场。界定一种资源是面向全国市场还是面向特定区域市场，通常是根据该资源是否具备在全国市场范围内流动的性质。只有具备了在全国流动范围内流动的性质，才能称这种资源是面向全国市场的；而如果一种资源只能在一特定区域范围内流动，我们就称这种资源面对的是区域市场。该资源本身所具备的某些特性和其他相关条件可以作为判断一种资源的市场半径的决定性因素。譬如，该种产品的生产成本、交易费用的高低，保存的难易程度，运输条件是否便利，地区性的消费习惯，以及生产经营商的营销能力等。因此，在统一市场的条件下，关于某种产品是建立全国市场还是建立区域市场，主要决定力量不是政府，而是由产品本身的特性和生产经营该产品的商家能力决定的。而在既具有统一性又具有分割性的"联邦制"市场，产品的流动范围除受其自身特性及生产经营该产品的商家能力的影响外，还会受到地方政府行为的影响。地方政府可以通过一系列行政手段强制性地使管辖范围内的本地市场变成封闭或者半封闭的市场。

（2）资源配置的手段

计划（行政手段）与市场是资源配置的两种手段。在统一市场的条件下，在资源配置过程中起基础性作用的是市场机制，行政手段或计划则是在市场失灵的情况下采取的辅助手段。而在市场分割性与统一性同时存在的"联邦制"市场，政府干预往往被用于特殊目的，违背市场效率规律。行政手段与市场机制同时制约影响整个市场的资源配置。

表 3-1　统一市场、全球市场与"联邦制"市场

市场	统一	全球市场	中国"联邦制"市场
产品流动范围	取决于该种产品的生产成本、交易费用的高低，保存的难易程度，运输条件是否便利，地区性的消费习惯，以及生产经营商的营销能力等	除了该产品的本身特性和生产经营该产品的商家能力外，还受到各国贸易政策和产业政策的影响	除了该产品的本身特性和生产经营该产品的商家能力外，还受到以省为单位的各地政府设置的贸易壁垒或优惠政策的影响
资源配置手段	市场机制为主，行政手段或计划为辅	整体以市场机制为主，同时也受到各国制度干预的影响	市场机制与行政手段共同起作用

　　通过对"统一市场"和"联邦制市场"的对比（如表 3-1 所示），在产品流通范围和资源配置手段上，中国的这种"联邦制"市场与全球市场存在一定的相似性。甚至已有学者声称，中国市场的整体形态可以被视为一个国际市场的"缩影"（利乌，卢，祺泽玛，2014）。因此，我们认为企业在国内市场进行整合与在全球市场（国际化）进行整合存在一定的相似性。在国际化的研究领域中，学者们已经重视并在实际研究中将国内以"省"为单位的区域市场之间的差别视为与国际市场中以国家为单位的区域市场之间的差别等同。譬如，利乌、卢，祺泽玛（2014）在对中国上市公司的对外直接投资的研究中指出，在 OFDI 领域大部分研究只关注母国与东道国的制度环境差异对跨国公司对外直接投资决策的影响（彭，王，2008），并将一国内的制度环境视为一个具有同质性的实体（尚，玛克诺，矶部，2010；梅耶尔，阮，2005），然而实际上对于许多大型新兴经济体而言，较高程度的地域差异、收入不平衡以及区域制度环境的多样性等重要特征已经影响了来自新兴经济国家的跨国公司在国际市场的整合。张三保、张志学、秦昕（2014）通过比较企业地域多元化动因的不同理论解释，总结出中国情境下的制度与资源动因。并进一步通过实证研究得出，中国

地区市场分割的边界，存在于省际而非省内城市之间。类似的观点还有，尚、矶部、玛克诺（2010），罗（2001），梅耶尔、阮（2005），莱特等（2005）。汪建成（2008）通过对中国企业跨省、跨国扩张战略对绩效的影响作用的对比研究，指出，中国企业跨省扩张程度对企业的盈利能力有负向影响作用，对企业的规模有负向影响作用；与之相对应的，中国企业跨国扩张程度对企业的盈利能力也有显著负向影响，同时对企业规模的影响作用不显著。

因此，在上述文献综述的基础上，我们可以达成两个共识：（1）中国市场的省际差异已经逐渐取代国际化领域中的国家之间的差异，成为国内外学者研究跨国公司与中国本土企业在国内市场展开整合战略的重要影响因素的研究热点。而这种省际差异是由中国的市场分割性造成的。市场分割性的本质是制度在起作用，因此，我们研究中国的省际差异不能脱离制度的影响。（2）可以肯定的是，从企业的长远发展来看，国际市场不能替代国内市场，中国企业要与跨国公司在国际、国内市场展开竞争，首先必须借助国内市场的规模优势，提升国内竞争力，为下一步提升国际竞争力做铺垫。

3.2　市场分割对中国企业战略行为的影响

中国市场分割性的存在，促使国内市场与国际市场在产品流动范围和资源配置手段等方面存在高度的相似性，可以将国内市场看做一个"联邦制"市场。于是中国企业在国内市场展开横向整合战略也面临着两种压力：一体化压力与地方化压力。并且这两种压力分别通过不同的机制产生作用影响了横向整合企业对这两种压力的回应。

3.2.1　经济全球化与效率机制视角下的一体化压力

经济全球化促使横向整合企业在国内市场整合面临的一体化压力包括成本压力、全国客户以及全国竞争。国内市场的一体化压力可以借助效率机制视角来解释。

第一，希尔（2006）认为成本压力最终成为推动全球整合的唯一重要因素，这种驱动因素已经受到很多的实证检验，如哈里略、马丁内斯（1990），约翰逊（1995），罗（2002），罗斯、莫里森（1990），塔格特（1997）等。中国企业在横向整合国内市场的过程中，同样面临降低成本的压力，依据经济学中效率理论的解释就是，在资源配置上，以较少的投入获得较多的产出，从而不断提高资源利用的有效程度是追求效率的最终目的。

第二，中国市场的竞争已经呈现出全国竞争的局面。在国际市场，全球竞争在很多行业已经司空见惯。随着全球投资自由化的进一步发展，国家关税壁垒得以降低。通过允许产品的跨境自由流动，贸易自由化促进全球一体化战略的建立。跨国公司正以疯狂的速度在国际市场进行全球整合，以满足日益激烈的全球竞争并实现范围经济和规模经济。跨国公司通过无止境的追逐成本效益和区位经济开展其在全球的经营活动的部署（莫里，塞姆巴哈，2003）。自20世纪90年代末期开始，由于中国的生产成本低廉，跨国公司开始争相进入中国，至2002年中国已经成为全球吸收外商直接投资的"第一大国"。与跨国公司积极整合中国市场、实施一体化战略相比，中国的本土企业对国内市场的整合似乎还处于初级阶段。中国企业对国内市场的整合，不仅要与国内竞争对手竞争，还要应对跨国公司对国内市场和资源的整合。中国市场的竞争已经呈现全球竞争的特点，遵循效率机制，中国横向整合企业处于经济全球化的环境中，按效率最大化原则组织生产是企业追求的目标。合理的效率机制能够较好地实现生产经营目标、降低交易费用、优化资源配置和在特定的产权制度下保持效率一致性，使得企业在国内市场面临经济全球化所带来的全国竞争局面中得到有效补偿。

第三，全国客户也是企业采取全国整合战略的重要驱动因素。关于全球市场上的消费者是否越来越"相似"的问题一直是国际管理学领域的一个比较有争议的话题，莱维特（1983）指出，现代通信技术的发展使得全球市场同质化越来越严重，它降低了社会、经济和文化的差异，包括不同国家的消费者口味和偏好。全球标准化的出现主要由三个因素造成：全球范围内不断增长的同质性的消费者需求与兴趣，全球消费者愿意为产品的以低成本为基础的高质量牺牲自己的偏好，以及通过供应全球市场在生产和市场营销中达到实际的规模经济。与全球市场相比，中国一国市场内的消费者由于所处的社会环境、文化传统的相似性，其产品需求也表现出同质化的特点，从而也表现出了全国标准化的需求。

受效率机制的支配，经济全球化促使中国企业横向整合国内市场分别从降低成本、全国竞争和全国客户三个方面面临着一体化的压力。

3.2.2　市场分割与合法性机制视角下的地方化压力

市场分割情境下，中国企业横向整合国内市场所面临的地方化压力主要是指，横向整合企业在跨区域经营中所面临的外部合法性的压力。

从区域分支机构的内外部合法性冲突来看，由于横向整合企业的区域分支机构通常与母公司处于不同的区域，而不同区域环境的差异主要表现在两方面，一方面是社会文化、经济发展路径等因素的差异；另一方面是地方政府对市场的干预行为的作用（陆铭、陈钊，2006；陈敏等，2007）。区域制度环境在这两方面的差异性导致区域分支机构内部来源于母公司的相关组织惯例与所在区域的外部制度要求可能存在冲突。为了从所处区域获得发展所需要的资源，区域分支机构通常采用有效的合法化战略以取得所在区域的外部合法性，否则，可能连生存都受到严重的威胁（杰克逊，德艾格，2008）。区域分支机构内外部合法性的冲突也体现在对区域分支机构核心能力培育方面，一种观点认为与母公司相关的资源能力是跨区域分支机构核心能力的最重要来源。温（2006）强调，为了提高企业绩效，跨国公司（MNE）应向组织内的其他机构转移其核心能力，加拉索（2006）认为跨国公司在海外建立新的分支机构，是企业特定优势向东道国转移的通路。而另一种观点则主张分支机构核心能力的培育应该从其所在区域出发，仅仅依赖来源于母公司的能力转移，分支机构还不足以形成竞争优势。罗利亚、戈沙尔（1997）指出分支机构需要善于利用当地的产业集权和社会网络，通过与当地企业和当地制度之间的互动来获取一定能力。宋铁波等（2014）的研究证实，区域分支机构与总部的制度距离越大，企业越倾向于选择满足外部合法性的需求来培育核心能力。

因此，对于横向整合企业的跨区域分支机构而言，其生存的一个重要基础是得到所在区域外部合法性，通过展示"组织理性与社会理性的一致性"而得到"组织外的社会成员对组织权威结构的承认、支持和服从"（赵孟营，2005）。德尼兹·巴里斯（2002）在分析跨国公司海外生存的重要因素中，强调了生态、政治和社会要素，认为跨国公司的海外子公司必须获得当地政府和公众的信任和保护、拥有当地社会认可的合法性水平，才能使当地利益相关者相信公司在战略决策时有伦理原则。中国的市场分割促使各区域制度环境的差异性显著，企业在对国内市场进行横向整合的过程中，跨区域分支机构的建设与运营将受到所在区域环境的影响，分支机构必须获得当地相关利益者的认可，才可能从所进入区域得到生存与发展所需要的资源，分支机构所在区域对其构成了外部合法性约束。这部分当地利益相关者有可能是当地政府、供应商、消费者等。

市场分割性对企业的影响是通过区域制度合法性损益而发生作用的。其中外部合法性的约束是区域分支机构所面临的地方化压力的主要来源。

3.3 整合国内市场需要国际化视角

3.3.1 国内学者引入国际化理论的尝试

考虑到中国国内市场结构的特殊性，有学者提出只有借鉴一些国际化思维，中国企业才能够处理好在国内市场横向整合的过程中所面临的整合效率与地方响应、制度差异和内部合法性的矛盾，有效实施国内市场开拓和整合战略（蓝海林，熊小果，2014）。事实上，借鉴国际化理论研究企业在国内市场的横向开发与整合战略，早已不是先例。宋铁波等（2010）则提出对国内企业跨区域的相关研究可以借鉴对外直接投资理论。皮圣雷（2013）在对转型期中国横向整合企业动态竞争与管理模式的关

系研究中指出，目前中国企业国内跨区域横向整合行为所面临的制度环
境与跨国公司进行国际化扩张所面临的制度环境有很多相似之处，因此，
有必要引入国际化战略理论中的管理模式研究，以丰富和完善中国企业
国内跨区域横向整合管理模式与控制机制的理论体系。王永健（2014）
在对国内企业地域多元化的研究中指出，国内跨省地域多元化与国际化
（跨国地域多元化）一样值得研究（黄宇驰，2007），并且二者在研究
逻辑上存在一致性。刘燕、赵曙明（2010）在对全球整合 — 地方响应范
式进行研究回顾与展望时，则直接提出与跨国经营类似，跨地区经营的
管理实践也不同程度地受到整合和响应两个维度压力的影响。所以，本
书对企业在国内市场进行跨区域的横向整合的研究，同样引入了跨国公
司在国际市场整合的相关研究范式与理论基础。

3.3.2　中国企业横向整合的战略选择

作为国际化战略选择的重要研究范式 IR 框架认为，跨国公司在向海
外扩张时必然要面对的双重环境压力，一是全球一体化的压力，二是地
方响应的压力（普拉哈拉德，多斯，1987）。全球一体化的压力是指跨
国公司要依据总体战略采取全球整合的方式来协调海外子公司的资源和
活动以获得尽可能大的效率和竞争优势；而地方响应的压力则是指跨国
公司要根据东道国的政府规制、竞争环境和市场需求等的具体特点来组
织它在全球的经营管理活动。

正是因为中国国内市场与国际市场相似，同时存在着一体化压力与
地方响应压力，由此决定了中国企业对国内市场的整合战略选择与跨国
公司的国际市场整合战略相似，主要表现为两种战略的组合：一体化与
地方化。其中一体化战略是对于国内市场一体化压力的回应，而地方化
战略是对于国内市场地方化压力的回应。以往的研究通常将一体化与地
方化看做一个两分变量，然而，随着研究的推进，越来越多的学者逐渐
认识到这个简单的二分法存在很大的局限性，因为它只能分析地方响应
程度（或全球一体化程度），而不能提供一个综合分析框架来研究企业

如何适应一系列广泛差异化的地方情境，因此，梅耶尔等（2011）、法恩等（2008）等在研究中都将一体化与本地化视为整合战略的两个维度，跨国公司的整合战略选择实际就是由这两个维度的组合决定的（梅耶尔，穆达姆，纳鲁拉，2011）。

全国一体化是使某一国家内不同地区的产品拥有全国统一的标准和性质，与跨国公司的全球一体化战略相似，横向整合企业的全国一体化战略将全国市场看成是一个整体，将统一的产品、服务和标准推向全国各区域市场，具有整体的市场观念，从长远的经济利益强调全国范围内的整体协调，以获得更大的经济效益。（如图3-1所示）而地方化战略是根据不同区域市场的实际情况，通过分析所进入区域市场的不同特点，找到能与自身产品相竞争的力量，对影响自身关键竞争力的因素进行调整，制定适合于当地市场行情的经营和管理策略，使得产品能够在当地市场具有竞争力，使产品受到欢迎并且满足当地市场需求。

横向整合企业的全国一体化战略目标和地方化战略目标是不同的：全国一体化战略的目标是为了获得全国范围内的资源优化配置和经济规模效益，追求公司在全国范围内的技术优势，保持领先的竞争力，获得长期的利益最大化；而地方化战略的目标是为了充分挖掘利用当地的各种资源，实现生产成本的降低，依据所进入区域特定的经济政治条件以及消费者的特殊需求提供满足当地特色的产品和服务，实施一系列本地化方法，将自身关键技术优势与当地有利资源相结合，进一步提高企业在当地市场的竞争力。

全国一体化与地方化作为横向整合企业拓展国内市场的两种重要战略选择，虽然看起来是相互矛盾的，但实质上却是相互促进、相辅相成的。全国一体化战略是在全国各区域充分发挥其具有技术优势的经营管理方法，本地化战略则是应对全国化挑战的一个必不可少的重要战略。两个战略不仅不会冲突，反而会相辅相成、相互促进。

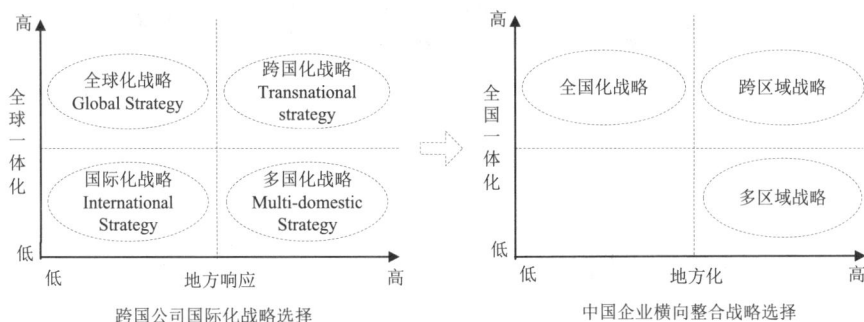

图 3-1　中国企业横向整合战略选择与国际化战略选择

3.4　本章小结

　　本章先是阐述了中国市场分割性的形成原因，以及当前中国市场呈现"联邦制"的特点，对比了"联邦制市场"与全球市场；然后，依据国内学者引入国际化理论的种种尝试，提出本研究引入的国际化理论来解释中国企业在国内市场的横向整合战略。最后，整理了中国本土企业整合国内市场所面临的一体化压力与地方化压力，及与之相对应的横向整合的两种战略选择：全国一体化战略与地方化战略。

第4章 研究假设与理论模型

4.1 概念模型的提出

市场分割性的存在促使中国市场成为一个兼具统一性与分割性的"联邦制"市场。面对这样一个可以作为全球市场"缩影"的一国内市场,有效开拓和整合国内市场已经成为中国企业提升国际竞争力的最佳战略选择。与企业国际化相似,中国企业对国内市场展开的横向整合同样面临着在一体化和地方化两个战略维度上的选择。然而当前有关中国企业在国内市场展开横向整合战略选择与绩效关系的相关研究几乎没有。由此,跨国公司在全球展开整合的经验或许能为我们研究企业在国内市场展开横向整合战略提供借鉴。

为了在国际市场展开有效竞争,制定一个合适的战略是跨国公司整合国际市场所面临的主要挑战。平衡一体化和地方化的压力是企业在全球产业竞争中获得成功的关键(巴特利特,戈沙尔,1989;普拉哈拉德,多斯,1987)。譬如,一体化的压力包括全球客户、跨国竞争对手以及降低成本的压力。地方化的压力包括客户需求差异、市场结构差异以及替代产品的存在。成功企业在战略选择上是否以及在多大程度上回应这两种压力,一直是学术界持续争论的话题。普拉哈拉德、多斯(1987)根据企业对这两种压力的回应,将国际化战略划分为三种类型:多国化(全球一体化程度低,地方化程度高)、全球化(全球一体化程度高,地方化程度低),以及跨国化(全球一体化与地方化的程度均较高,但没有任何一方占主导地位)。

在普拉哈拉德和多斯对国际化战略分类的基础上,学者们的研究主要集中在基于此分析框架下探讨可供跨国公司选择的战略类型,以及全球一体化 — 地方化的影响因素。而对不同跨国公司战略选择的差异以及不同战略选择与绩效的关系，不同战略选择在具体策略表现方面均有所忽视。并且有关国际化战略选择与绩效关系的研究目前存在两个方面的争议：

一方面，一部分学者认为跨国公司在全球市场展开整合战略，其战略选择（全球化、多国化与跨国化）与企业绩效无关。譬如，莫里森（1990）、约翰逊（1995）等基于 IR 框架将参与全球产业竞争的企业划分为三种类型（多重心、全球化以及本地化），实证结果证实了实施不同国际化战略的企业其绩效表现不存在明显差异。

另一方面，也有学者认为，IR 框架界定的三种国际化战略对绩效的影响作用存在差异（安德森，乔希，2008）。巴特利特、戈沙尔（1989）与逊达拉姆、布莱克（1993）都认为跨国化战略的绩效表现更好，因为它既具有全球整合的好处又兼具地方响应。尽管如此，这种战略可能并不容易实现，因为这两种需求需要同时在组织内进行协调、配合。瓦西莱夫斯基（2002）也赞成跨国化战略代表着一种更优越的模型。斯沃博达、埃尔斯纳、莫斯彻特（2012）实证研究了国际零售业的国际化战略与绩效的关系。研究发现，IR 框架适用于分析零售行业的企业国际化战略。食品行业更偏好跨国化战略或多国化战略，且采取这两种战略的企业绩效表现更好，而非食品行业更偏好跨国化战略或全球化战略，且采取这两种战略的企业绩效表现更好。

由于上述两种相互对立的观点一直是国际商务领域争论的热点问题，于是学者们逐渐意识到，IR 框架中的几种战略类型与绩效之间的关系尚没有一个明确的结论（德温尼等，2000）。

既然 IR 范式本身无法解释横向整合战略选择与绩效之间的关系，那么我们可以从横向整合战略的影响因素入手。在第二章中分别讨论了基于产业基础观、资源基础观和制度基础观的横向整合战略的影响因素。纵观现有研究，产业基础观认为，产业结构在较大程度上决定了企业的战略和绩效。伊普（1989，1991）在此基础上提出了行业的全球化潜力模型，并指出，最理想的全球整合战略是将全球整合战略与行业的全球化潜力相匹配。产业基础观视角对整合战略（一体化—地方化）选择及绩效的解释，曾经得到了学者广泛的关注与实证检验。譬如，约翰逊（1995）的研究表明，对于全球化行业（global industry）而言，与地方响应（locally responsive）和多重心（multifocal）战略相比，行业的全球化潜力决定了企业选择全球一体化战略（globally integrated），绩效更好。

然而，行业特征对一体化—地方化战略的影响也受到了学者们的质疑。罗斯、莫里森（1990），格伦、克雷格、高田（2001）的实证研究均表明，即使是在全球化行业，也同时存在三种全球市场整合战略选择，即全球化、多国化和跨国化，并且从整体绩效水平来看，不存在一种最优的战略选择。

由于产业基础观视角没能很好地解释整合战略选择与绩效关系的不明确性，于是，学者们逐渐转向其他视角寻求对整合战略选择与绩效关系的解释。彭，王，江（2008）在研究指出，对于来自新兴经济体的企业整合战略选择及绩效而言，制度基础观比产业基础观的解释更有力度。与发达国家相比，新兴经济体的制度（包括正式制度与非正式制度）显著影响了企业（包括本土企业与跨国公司）的战略及绩效（霍斯金森等，2000；赖特等，2005）。莱昂等（2005）以及雷丁（2005）通过案例分析指出，国际商务研究应该对新兴经济体的制度情境给以更多关注。

除了制度基础观的解释，一部分学者转向公司治理理论视角寻求解释。公司治理（corporate governance）对来自新兴经济体的企业对外直接投资（OFDI）的影响作用已经引起了学者们的关注（包米克，德里菲尔德，帕，2010；利乌，李，薛，2011；斯特兰奇，菲尔奥图，巴克，莱特，2009）。现有的研究主要关注所有权、董事会构成以及高管薪酬对新兴经济体企业的对外直接投资的影响，主要探讨的是母公司或集团总部的管理模式。然而，对于企业跨国或者跨区域的管理模式研究除了母公司或者集团总部自身的管理模式以外，更重要的是对跨区域分支机构（或海外子公司）的管理模式研究。同时，基于资源基础观的视角也可将母公司对跨区域分支机构管理模式视为企业的无形资源。李铁瑛（2011）、叶广宇等（2012）在对中国企业横向整合战略的研究中提出，横向整合战略的失败是由对跨区域分支机构的管理模式与整合战略的不匹配造成的。

　　因此，本研究遵循如下逻辑：中国企业横向整合战略选择（一体化 —
本地化）对整合绩效有影响，这种关系一方面会受到来自环境层面的制度
因素即制度基础观视角下的调节作用影响，另一方面也会受到来自组织层
面的管理模式即资源基础观视角的调节作用影响。基于以上提出了本书研
究的概念模型，如图 4-1 所示。本研究引入国际化领域的 IR 模型来解释中
国企业在国内市场展开的横向整合战略所面临的战略选择。研究横向整合
战略选择（全球整合与地方响应）与企业绩效的关系；同时检验企业横向
整合国内市场所面临的制度距离对其整合战略选择与绩效关系的影响作用，
其中制度距离是市场分割的替代变量；再者，管理模式对横向整合战略选
择与绩效关系的影响作用，其中选择企业总部对跨区域分支机构的集权程
度、绩效评价方式及高管激励作为管理模式的替代变量。

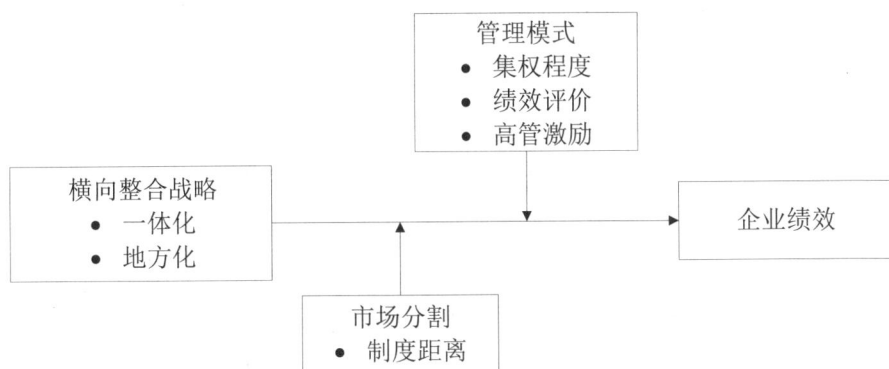

图 4-1　本研究的概念模型

4.2 研究假设推理

4.2.1 横向整合战略选择与企业绩效的关系

在第三章中对中国企业整合国内市场的两种横向整合战略选择：对全国一体化与地方化进行了充分的探讨，我们基本可以得出结论，即这两种战略选择（一体化与地方化）对企业绩效的作用机理并不完全相同，因此，我们有必要对这两种战略选择与绩效的关系进行分别探讨。

（一）全国一体化战略与企业绩效的关系

国际化学者强调了全球一体化在企业国际化战略中扮演着重要角色（豪特，波特，拉登，1982；格玛沃特，史宾斯，1986；波特，1986；巴特利特，戈沙尔，1987；普拉哈拉德，多斯，1987；罗斯，1995）。格玛沃特、史宾斯（1986）认为，全球竞争的本质是国际一体化的增值活动。而其他学者，譬如普拉哈拉德、多斯（1987），库特斯科、鲍热尔（1997）都在研究中指出，全球一体化是刻画企业国际化战略的一个关键维度。任何跨国公司在跨国运营活动一体化中取得成功都对其整体绩效的提升有显著影响（弗雷亨斯，1986）。然而，大部分关注国际化与绩效关系的实证研究都将研究重点放在从一体化与地方化两个战略维度组合构成的三种国际化战略选择与绩效的关系，（格朗，1987；格瑞吉尔，比米什，达科斯塔，1989；金姆，黄，博格斯，1989；苏利文，1994；塞姆巴哈，1986；托尔曼，李，1996；希特，霍斯金森，金姆，1997；戈梅斯，拉姆斯瓦米，1999）而忽略了企业在全球一体化维度上的表现对绩效的影响。这些研究主要将国际化视为地理分散的企业运营，主要关注不同国家的企业活动的分配，而忽略了全球一体化概念中隐含的资源在不同企业单元之间的交换。还有一部分关于国际化战略的研究检验了全球一体化与绩效的关系是通过探讨全球一体化的驱动因素对绩效的间接影响，而缺乏对其直接影响作用的关注（罗斯，莫里森，1990；约翰逊，伊普，1994；布肯歇，莫里森，霍兰德，1995）。

　　组织理论学家将跨国公司视为组织间的网络（戈沙尔，巴特利特，1990；古普塔，戈文达拉扬，1991；布肯歇，霍德，1998）。从网络视角来看，一些子公司在整个跨国公司系统中扮演着"贡献者"的关键角色，来源于更大程度的专业化以及从他们获得的有价值的本地资源池（迈尔耐特，1996；布肯歇，霍德，1998）。网络视角认为跨国公司建立专业化的子公司是对跨国公司系统的补充。这些专业化的子公司作为跨国公司网络的一个关键节点，他们的资源输出将会成为位于其他国家的子公司的资源输入。这种专业化的模式通过获得市场、资源和专业资产（邓宁，1993），促使跨国公司获得更高的效率，并创造了高度的地理依赖性。

　　由于跨国公司管理的全球分布的资源和活动具有高度的相互依赖性，网络视角的跨国公司主要强调全球活动一体化的重要性。基于组织网络视角，一些学者提出全球一体化的特征主要表现为产品、资本和知识在跨国公司业务单元之间的频繁交换（巴特利特，戈沙尔，1987；戈沙尔，1987；古普塔，戈文达拉扬，1991；科布兰，1991）。巴特利特、戈沙尔（1987）与科布兰（1991）更是指出产品交换是全球一体化的一个关键维度。巴特利特、戈沙尔（1987）认为在产品、资本、技能、信息和其他资源的交换中产品依赖是最基本的。跨国公司网络中的产品交换能够帮助跨国公司获得这个一体化网络价值增值过程中的所包含的有形和无形资源。网络视角暗示着跨国公司全球一体化战略的两大关键挑战：（1）资源配置——在全球网络的哪些节点放置这些关键活动；（2）这些活动的有效协调。

　　交易成本理论为跨国公司的全球一体化战略提供了另一个解释视角。该理论认为全球一体化与所有权和区位因素相关。所有权因素表现为技术、营销、制造和其他通常与无形资产相关的能力，促使采取全球一体化战略的跨国公司能够以比用市场交易更有效的方式在全球转移知识和其他资源。此外，区位因素表现为影响增值活动的内部化的区位。尤其是，对于强调全球一体化战略的企业而言，在贸易开放的区位建立子公司能够使价值增值最大化。国家的自由贸易导向促进了高度一体化的跨国公司内部的业务单元之间的进出口。依据市场结构视角，所有权和区位要素可能都受到企业所属的行业特征的显著影响，然而，全球一体化的过程中的其他驱动因素也促使企业发展行业内竞争对手难以模仿的特定的异质特征。

与跨国公司在国际市场的全球一体化战略相似，全国一体化是中国横向整合企业开展全国活动的一个重要的竞争优势的来源，在全国一体化的过程中企业可以通过促进跨区域分支结构的专业化以及鼓励跨区域分支机构之间的大量交换和共享，产生并提升组织效率。通过全国一体化，企业可以从三个方面获取竞争优势：（1）区域资源禀赋的差异（比较优势）；（2）跨区域网络的灵活性和议价能力；（3）规模经济、范围经济以及组织学习能力（陈，科奈信，2006；科布兰，1991；塞姆巴哈，库马拉斯瓦米，班纳吉，2005）。

由于本研究将横向整合战略也定义为中国本土企业开展基于主业的地域多元化、基于跨区域扩张的角度，我们认为横向整合过程中企业的全国一体化战略可以为企业带来几个方面的利益。譬如，全国一体化战略通过跨区域经营可以为企业提供新兴市场，从而为企业提供了获得更大增长的机会。拉格曼（1981）认为内部化优势可能是企业跨区域扩张为企业带来的最大的好处。总体而言：跨区域扩张可以通过模经济性、范围经济性和学习经济性（科格特，1985）为企业带来利益，除此以外，通过跨区域扩张，企业还可以充分利用各地域的关系以及在各区域分支机构之间分享企业的独特能力和核心竞争力（波特，1990）。

实施全国一体化战略的企业对国内市场展开整合的过程中，对不同市场进行整合主要通过三种方式，分别是产品标准化、生产合理性以及重要资源部门（如研发部门）的协调。因此，追求全国一体化战略的企业更有机会摊销研发、宣传等方面的费用来降低成本。此外，全国一体化战略的企业通过在国内市场跨区域扩张获得竞争优势可能源自市场的不完备性，同时由于跨区域扩张，企业能够获得较为庞大的地区网络以及规模、范围学习经济性的支撑，从而获得更多的灵活性和更强的议价能力。尽管跨区域扩张可以为企业带来规模经济和范围经济，但这两方面对企业的影响作用是不同的，规模经济有助于企业提高效率；而范围经济有助于企业提高学习能力和创新能力。

另一方面，企业在全国一体化的过程进行跨区域扩张可以从公司层面降低企业的非系统性风险。当各地区的经济活动并不完全相关时，跨地域扩张可以降低风险、提高盈利能力。全国一体化的整体风险不会高于甚至低于仅在本地投资生产。

综上所述，在国内市场展开全国一体化战略，最为直接的好处是可以通过规模经济和范围经济来提供低价格和高质量的标准化产品与服务，有利于资源在全国范围内配置，而不是仅仅局限于区域范围内，以及最大限度为总部服务。因此，本书提出如下假设：

H1：中国企业在横向整合的过程中，全国一体化程度对绩效存在正向影响。

（二）地方化战略与企业绩效的关系

尽管一体化对企业整合国际市场的重要性已经得到学者们的普遍认识，也有一部分学者强调，地方化对于企业的国际化及整合国际市场同等重要。巴特利特（1981）在研究中指出，地方化对于企业在国际化环境下获得迅速成长具有至关重要的作用，随后在很多文献中都强调了高差异的必要性和有效性。巴特利特（1981）的观点得到了很多学者的实证检验和支持。列昂提亚戴斯（1986）甚至指出比较极端的地方化可能会出现子公司的战略与母公司截然不同的局面。巴特利特和戈沙尔（1989）也支持了这一观点，并进一步阐述了这一问题，与已有研究的侧重点不同，他们强调在某些行业领域，产品特征和消费者偏好在国家之间的差异较大的情况下，公司的生产依赖于在特定职能领域实行差异性的本地化，比如医药和消费品行业的研发活动。随后，艾格豪夫（1988）从组织理论的视角分析了地方化对于企业国际化经营所起到的关键作用，并将其描述为"在本地环境下所面临的同质化的压力"。

事实上，在国内市场开展横向整合战略的企业要想在目标区域市场站稳脚跟，提高对当地市场的地方响应性是必须的，这样是由地方化战略的优点决定的。

第一，通过地方化响应可以提高跨区域分支机构在目标区域市场的生存能力，减少与目标市场之间的摩擦。因为横向整合企业在进入一个新的区域市场时，不论是与当地政府还是与当地企业之间，都会发生大大小小的摩擦。根据当地市场的需求提高企业的地方响应程度，在减少企业的人力资源成本、生产成本和销售成本等各项成本的基础上，也可以为所进入区域提供更多的就业机会，从而获得更高的美誉度和良好的口碑，既实现了"双赢"，又有利于获得更多的市场机会和更多的市场份额。

第二，有利于开发当地市场。对当地市场的响应可以激发跨区域分支机构的管理者与当地地客户、供应商、分销商、竞争者以及政府当局建立持续、稳固的关系，从而创造更多的竞争机会，或减轻地方情境对子公司及其母公司所造成的损失（戈沙尔，罗利亚，1989）。当产品差异化和顾客响应能力成为获得当地竞争优势的必备条件，地方化响应就变成了促进企业经营成功的组织系统的一部分（波特，1990）。为了提升经济效益、区位优势、要素禀赋以及需求机会，地方响应是必要的（戈沙尔，1987；波特，1990）。冯、穆德雷（2008）基于中国内地市场的外国跨国建筑企业的实证研究表明，在复杂的和不确定的中国建筑行业，地方响应对于外国跨国建筑企业持续经营和发展壮大是至关重要的。

综上所述，通过地方化战略，可以让横向整合企业更了解当地的文化、消费者需求和偏好，使横向整合企业获得与当地企业不相上下的竞争优势，这对于实施横向整合战略的企业长期发展有着至关重要的作用。因此，本书提出如下假设：

H2：中国企业在横向整合的过程中，地方化程度对绩效存在正向影响。

4.2.2 管理模式对横向整合战略选择与绩效关系的调节作用

企业管理模式的设计必须支持企业战略目标的实现以及企业竞争优势的形成。基于权变的研究认为，一个有较高收益的企业，组织环境、战略、管理模式之间一定是互相匹配的。管理模式要适用于特定战略，管理模式的设计必须能够满足已选定战略的信息收集与处理的需求。

（一）集权程度对横向整合战略与绩效关系的调节作用

与全球一体化战略相似，企业在国内市场针对一体化压力开展全国一体化战略要求子公司与组织密切耦合，旨在获得整体效率和战略一致性（布里斯科，舒勒，2004）。跨区域经营企业总部的管理者与各区域分支结构的管理者之间容易存在信息不对称问题，从而导致各区域分支机构的高管基于自身利益，想方设法从公司总部分得更多资源而不考虑公司整体的发展前景，结果使得公司整体的资源配置效率低下（哈里斯，1982）。因此，一定程度的集权对子公司之间的协调是必要的（彻尔德，1984）。古普塔、戈文达拉扬（1986）进一步指出战略业务单元（SBU）之间的相互依赖程度越高，越是需要集体决策来获得更高的绩效，因为某一战略决策单元（SBU）高管的决策通常会影响其他战略业务单元（SBU）高管的决策及绩效，隐藏就需要对他们进行有效协调并统一解决问题。戈登、米勒（1976）研究认为，随着企业内部经营一体化程度的增加，企业在计划和预算过程中更加注重各单位与企业总体的协调，在这种情况下，降低子公司的自主权，增加各下属单位间信息的共享程度，有助于企业绩效的提升。

从资源配置的角度来看，企业集团内部资源配置的控制方法或控制程度通过影响代理成本进而成为决定内部资本市场效率高低的重要因素。在新兴市场国家，尤其是中国，企业所面临的一定程度上的外部市场融资约束更加凸显了企业内部资源配置的适度性对企业经营绩效的影响作用（李焰等，2007）。在企业集团中，下级子公司普遍存在自利行为与寻租动机，为了保证集团内部的资本市场的运作效率，就需要母公司加强对内部资源的控制，即加强对子公司的管理权力的集权程度从而强化资源的集中配置。然而，如何把握资源配置集中的"度"就成为一个具有重要现实意义和理论价值的问题。延森和梅克林（1992）的研究指出，过于集权的组织模式使得企业信息成本加倍，而过于分权的组织模式又会造成代理成本的显著提升，为了使企业组织的总成本最小化，就需要在信息成本和代理成本之间找到一个均衡点，也即是集权与分权的均衡点。刘剑民（2009）在研究中提出了集权程度的"适度性"概念，并进一步将其描述为，如果母公司对子公司采取过于集权的管理，对企业经营效率的不利影响主要体现在，子公司丧失了其自主性而逐渐陷入被动；而如果母公司对子公司的管理过于分权，对组织效率的不利影响主要表现为，此时容易引发子公司不按照母公司意图行事的问题。张会丽、吴有红（2011）仅仅针对母子公司财务资源配置的集权程度展开研究发现，集权程度与企业经营绩效之间存在显著的倒 U 型关系，即只有中度的财务资源配置会正向促进企业经营绩效，过度集权或过度分权都会对企业经营绩效产生负向影响。

从组织信息处理理论的视角来看，在横向整合的过程中，强调全国一体化和强调地方化的企业对待其内外部不确定的态度并不一致。强调全国一体化的企业，通常忽略或不重视其外部不确定性，在各区域市场采取统一的研发、销售、制造等措施，通过降低其内部不确定性，获得绩效的提升。在这种情况下，企业集团总部对跨区域分支机构的集权程度越高，越有助于提升总部与跨区域分支结构之间，以及跨区域分支机构之间的协作越是紧密，进而有助于降低其内部不确定性。与之相反的是，强调地方化的企业，通常认识到了并且重视其外部环境的不确定性，并且通过满足本地客户需求、政府需求等措施，试图将外部环境不确定性转化为内部不确定性。在这种情况下，企业集团总部对跨区域分支机构的集权程度越高，影响企业对区域分支机构的充分授权，进而影响了企业对区域客户及市场环境的响应，导致企业不能很好地将外部环境不确定性转化为内部不确定性。最终造成区域分支机构在当地市场的"水土不服"等后果，不利于地方响应战略的实施。

综上所述，集权程度对横向整合的两种战略选择（全国一体化与地方化）与绩效之间关系的影响作用是不一样的。对于全国一体化战略而言，当母公司对跨区域子公司的集权程度越高，母公司越能实现对跨区域子公司的有效控制，导致其绩效的提升能够进一步得以体现。而对于地方化战略而言，当母公司对跨区域子公司的集权程度越高时，跨区域子公司能获得的灵活性和自由度越小，导致其响应当地市场需求的反应越慢，灵敏度逐渐丧失,于是出现对当地消费者喜好的误解或被迫忽视一部分当地市场需求,导致其地方化战略的失败。

因此,基于上述理论推理,提出如下研究假设:

H3a:横向整合企业对跨区域分支机构的集权程度对全国一体化战略与绩效之间的关系起到正向调节作用。

H3b:横向整合企业对跨区域分支机构的集权程度对地方化战略与绩效之间的关系起到负向调节作用。

(二)绩效评价与激励对横向整合战略与绩效关系的调节作用

作为委托人的母公司与作为代理人的分支机构之间存在着委托代理问题,母公司的目标是使整个企业的利益最大化,而分支机构管理团队的目标则是使分支机构价值最大化,更有甚者是使分支机构经营者或者高管个人利益最大化。为了使母公司与区域分支机构的利益目标相一致,母公司必须建立完善的对分支机构的激励与约束机制。母公司选择对分支机构选择和建立合适的绩效评价方法是母公司有效激励与约束分支机构的首要前提和基础,这是因为合适的绩效评价方法能够正确地评价分支机构的绩效、减弱母公司与分支机构之间的信息不对称,为母公司战略决策以及实施激励与约束机制提供信息等重要作用。

根据委托代理理论,绩效评价有促进委托人和代理人目标一致的作用(霍姆斯特姆,1979;班克,达塔尔,1989;兰伯特,2001)。该理论还认为客观指标无法对更多定性的业绩提供激励,只能衡量业绩可衡量的方面。因此,主观绩效评价是客观绩效评价的必要补充,在激励契约中对这两类指标的综合运用有助于提高代理人的努力程度和激励效果。已有较多实证研究支持这一观点,譬如贝克等(1994)、班克等(2004)、吉布斯等(2004)、范特斯蒂德等(2006)等都发现运用结合主观和客观指标的综合业绩评价体系具有显著正向的激励效果。

尽管已有研究表明包含主观和客观指标的评价体系有助于激励效果的实现。然而,在绩效评价体系中,主观指标与客观指标的权重分别处于什么样的水平时有助于企业战略的实施,或者说绩效评价方式与企业战略的匹配，还是一个值得深究的问题。有关绩效评价方式与战略的匹配，学者们给出了多种答案。戈文达拉扬、古普塔（1985）亚伯内替、布劳内尔（1999）通过实证研究指出，收获型和防御型战略的专业化程度较低且结果易于衡量，适合采用较多的客观评价；而与之相对立的构造战略或探索型战略的企业适合采用较多的主观评价。戈文达拉扬、费希尔（1990），范特斯蒂德（2000），范特斯蒂德等（2006）研究认为，实施产品差异化竞争战略的企业通常更加注重长期性投资，由于高管人员的短期努力效果往往很难按照财务指标或者股价指标来计量，因此这类企业通常不强调对预算目标的实现，而是更多依赖于主观评价。安东尼、戈文达拉扬（1998）指出当企业经营的专业化程度较高时，在绩效评价和激励方面要同时考虑财务标准以及非财务标准和主观评价；而随着企业多元化程度的提高（由相关多元化到不相关多元化），在绩效评价和激励方面则偏重考虑财务标准，非财务标准和主观评价的重要性降低。

绩效评价与战略的关系除了匹配，还有大量学者认为是战略决定了企业对绩效评价方式的选择。尚克（1989）及戈文达拉扬、尚克（1992）在研究中都指出，采用不同竞争战略的企业往往会通过选择不同的业绩评价指标来影响被评价者的行为。与采取产品差异化战略的企业相比，采用成本导向战略的企业往往更强调采用以成本为基础的绩效评价指标。戈文达拉扬、尚克（1992）的研究也证实，企业的战略选择会进一步影响业绩评价指标的选择，与以追求市场份额为战略使命的企业相比，以追求利益最大化为战略使命的企业往往更加看重财务业绩评价指标的使用。南尼等（1990）以及理查森、戈登（1980）都认为，前瞻型企业由于处在一个动态的环境中经营，不断地开发新产品，因此，这类企业在绩效评价时更强调非财务评价指标的作用。伊特尔等（1997）也发现，与以成本为导向的企业或防卫型企业相比，以创新为导向的前瞻型企业通常更强调非财务评价指标的作用。

通过对已有文献的归纳和梳理，可以得出结论，主观绩效评价有助于强调"差异化""创新导向""探索型"战略的实施，而客观绩效评价的倾向性较高时，有助于强调"标准化""成本导向"""防御型"
战略的实施。然而上述研究结论的得出是建立在仅仅考虑单一企业的绩
效考核指标选择与战略实施的关系基础上，对于横向整合企业而言，考
虑对跨区域分支机构绩效评价指标的选择与上述研究结论存在差异。进
一步，可以从跨国公司对海外子公司绩效评价指标的选择得到启示。

　　对于一体化战略而言，一体化程度的增强，意味着海外子公司之间
相互依赖程度的增强，同时也为评估个别海外子公司对公司整体的边际
贡献提高了难度。一体化程度较高，说明企业整体绩效难以归因于某具
体个体的作用，于是个体的投入与整体的产出之间的关系就存在模糊性。
在这种情况下，仅仅使用财务指标难以正确评估个体的边际贡献，从而
导致跨国公司难以对子公司进行有效的控制和激励，进而导致整体效率
和绩效下降。然而，对于地方化战略而言，地方响应程度的增强，意味
着作为地区分部的海外子公司具有相对独立的价值创造和实现系统，业
绩模糊性问题较轻。采用财务指标可以较为准确地评估某具体海外子公
司对跨国公司整体绩效的贡献度，同时也可以准确衡量海外子公司高管
的努力程度。布洛克、赛斯科威克（2007）的研究部分证实了这一点，
他们的实证研究结果表明，对于实施全球化战略的企业而言，从销售额、
成长性、利润、成本控制等财务指标来客观评价海外子公司的绩效，与
全球化战略的成功实施不相关；而对于实施多国化战略的跨国公司而言，
对其子公司的绩效评价指标用销售额、成长性等财务指标来客观评价海
外子公司的绩效，能够显著促进多国化战略的成功实施。尽管布洛克、
赛斯科威克（2007）的研究证实了强调财务指标的客观绩效评价对全球
化战略与多国化战略的影响作用，然而他们的研究中并没有考虑主观绩
效评价的作用。

　　因此，基于上述理论推理以及我国企业横向整合管理实践的考察，
本研究认为，中国企业在国内市场开展横向整合的过程中，若是强调对
跨区域分支机构采取主观绩效评价，即是强化了一体化战略的绩效表现，
而弱化了地方化战略的绩效影响；若是强调对跨区域分支机构采取客观

绩效评价，即是强化了地方化战略的绩效表现，而弱化了一体化战略的绩效影响。于是，提出如下研究假设：

H4a：当横向整合企业对跨区域分支结构采取客观绩效评价的倾向性较高时，全国一体化战略与绩效的关系被弱化。

H4b：当横向整合企业对跨区域分支结构采取客观绩效评价的倾向性较高时，地方化战略与绩效的关系被强化。

H5a：当横向整合企业对跨区域分支结构采取主观绩效评价的倾向性较高时，全国一体化战略与绩效的关系被强化。

H5b：当横向整合企业对跨区域分支结构采取主观绩效评价的倾向性较高时，地方化战略与绩效的关系被弱化。

（三）高管激励对横向整合战略与绩效关系的调节作用

在国际化领域，跨国公司对子公司高管的激励模式旨在让子公司管理者与企业整体目标紧密联系起来。然而远离总部以及其他多种渠道的外部授权和多重价值观的冲突可能会使这一目标的实现变得困难。除了母公司对子公司实施适当的控制或集权以外，通过选择合适的绩效评价方式和给予子公司高管适当的激励同样有助于该目标的实现。

战略管理领域最早引入激励理论来研究高管薪酬模式与战略的匹配。巴尔金、戈麦斯－梅西亚（1990）对组织战略（包括公司级战略与业务层战略）与薪酬战略的研究中指出，组织战略与薪酬战略的匹配是保证战略成功的基础。加尔布雷斯、梅里尔（1991）对技术密集型企业的薪酬模式与业务层战略的研究中指出，某种特定类型的薪酬模式可以激发管理者倾向于研发／创新战略及资本投资。由于激励本身所包含的内容很多，在已有的跨国公司对其东道国子公司高管的激励或薪酬模式的研究出现了各种不一样的结论。利乌，卢，彻热姆（2014）则研究了薪酬与股权这两种激励方式对中国企业的对外直接投资的影响，实证结果表明，薪酬与股权都能够促进企业的对外直接投资。布洛克、赛斯科威克（2007）主要考察了两种激励方式（宽带薪酬与员工利润计划）对国际化战略（全球化与多国化）与绩效的影响。研究认为对于全球化战略和多国化战略来说，宽带薪酬可能是最有效的薪酬模式，因为宽带薪酬（broadbanding）[①]提供了一个交付平台能够最大化灵活性，并且同时允许跨国公司内的很多角色（譬如，不同子公司的同一职位）保持一致。并且即使是在全球一体化的情境下，宽带薪酬也能够允许本地的管理者对当地的劳动力情况保持响应，并且最终有适合不同当地市场的薪酬水平。同时，在多国化战略中，为了促进灵活性和地方性行为，其人力资源政策具有一定的挑战性。子公司往往会表现得更像独立的当地企业（帕特森，布洛克，2002），多国化战略需要子公司高管为了他们特定的地方性需求来调整他们的工作优先事项，此时，对于多国化战略来说，员工的利润分享计划（profit-sharing plans）可能会是有效的激励工具。

激励的目标是直接影响相关高管的行为，如果企业想要追逐某种特定战略，譬如，增加研发投资和技术领导力的战略，那么薪酬模式中必须包含能够激发这种特定投资行为的元素。薪酬设计能够调整高管在战略实施过程中的努力程度和方向（舒勒，麦克米伦，1984）。战略领域学者关注薪酬激励的意义在于，通过薪酬激励能够激发管理者恰当的管理行为进而影响企业绩效（芬克尔斯坦，汉布瑞克，坎内拉，2008；格哈特，瑞尼斯，2003；戈麦斯－梅西亚，贝内罗，桑托斯，2010）。研究激励性薪酬对高管行为的影响指出，激励性薪酬可能与管理者的四种管理行为相关，分别是：战略坚持、竞争战略关注、伦理行为以及战略风险承担。并在研究中进一步指出，需要根据实施企业战略所需要的管理行为来选择合适的激励方式。

对于全国一体化战略而言，母公司激励区域分支机构高管的目标在于，激发区域分支机构高管对公司整体战略目标的关注和坚持；且在这个过程中，不需要区域分支机构高管根据当地情境进行"变通"，只需要尽可能借由显性合约来尽可能地约束区域分支机构高管的寻租行为，加强其伦理行为与战略坚持行为。此时，通过显性合约中明确规定的年薪、奖金、股

[①]根据美国薪酬管理学会的定义，宽带型薪酬结构就是指对多个薪酬等级以及薪酬变动范围进行重新组合，从而变成只有相对较少的薪酬等级以及相应的较宽薪酬变动范围。

权等薪酬方式，可以起到较强的约束作用。与之相对应，由于隐性合约通常是在代理人的努力程度不能被第三方证实、不能写入显性合约、委托人承诺实现其既定的目标后，支付报酬给代理人，是双方达成默契而没有明文规定的契约。且隐性合约不具有强制性，依靠自我实施，双方都可能违约。因此，在全国一体化的过程中，需要较多的显性激励支持，而过多地强调隐性激励反而不利于约束高管的寻租行为。

对于地方化战略而言，母公司激励子公司高管的目标在于，激发子公司高管在跨区域经营的过程中尽可能多地承担适应当地市场的风险。因为要对当地的消费者偏好、政府政策及行业规范做出响应，并及时调整产品，而这种响应和调整是具有风险性的，甚至有可能导致企业在最初响应当地需求的过程中，屡次出现失败的尝试。因此，在地方化战略实施的过程中，区域分支机构的高管努力程度通常在短期内无法被证实，且为了保证地方化战略的成功，需要区域分支机构表现出较强的战略风险承担行为。于是，基于这两方面的考虑，我们认为在实施地方响应战略的过程中，一方面，需要使用显性激励，譬如，年薪、股权、奖金等显性激励方式占据区域分支机构高管薪酬构成中的重要组成部分。另一方面，在显性激励的基础上，需要更多的强调和使用隐性激励，譬如，为了鼓励分支机构高管与当地政府建立联系，可能会给予高额的在职消费，为了留住和吸引经济落后地区的高管，可能会在显性激励之外给予高昂的住房补贴或购房优惠政策；为了鼓励分支机构高管勇敢尝试适合当地消费者的产品研发和创新，可能会给予一定的"升迁"承诺。

因此，基于上述理论推理，提出如下研究假设：

H6a：横向整合企业对跨区域分支机构高管的显性激励对全国一体化程度与绩效之间的关系起到正向调节作用。

H6b：横向整合企业对跨区域分支机构高管的显性激励对地方化程度与绩效之间的关系起到正向调节作用。

H7a：横向整合企业对跨区域分支机构高管的隐性激励对全国一体化程度与绩效之间的关系起到负向调节作用。

H7b：横向整合企业对跨区域分支机构高管的隐性激励对地方化程度与绩效之间的关系起到正向调节作用。

4.2.3 制度距离对横向整合战略选择与绩效关系的调节作用

迪马乔、鲍威尔（1983）认为，制度是组织的外部约束。中国市场分割性的存在，促使企业在国内市场开展基于主业的跨区域经营，不可避免地会在制度环境不同的地区展开经营。从制度理论的视角来看，只有符合所嵌入的制度情境的要求，企业的运营才能获得持续运营的合法性，才能不断地获得组织内、外部利益相关者的支持，进而实现其战略目标。由于不同地区的制度环境差异性通常较大，企业在国内市场进行横向整合的过程中，面临的制度环境呈现出多样化、复杂化和不确定性的特征，企业在不同地区面临不同的制度约束，那么对于横向整合企业而言，有两个问题亟待解决：（1）如何满足不同地区制度环境对企业提出的不同要求；（2）如何在多样化、复杂化和不确定性的制度环境中获取合法性。众所周知，中国的三十多个省份，最著名的就是其区域制度环境的多样性和异质性（梅耶尔，2008）。拉格曼和维伯克（1998）认为，企业经营环境中的政府政策和非政府组织的非法律规则已经成为环境属性的一部分，并且极大地影响了企业的战略决策，因此也经常被视为环境复杂性和不确定性的一部分。因此，我们可以将这种区域制度环境的差异视为当企业总部所在地与所进入区域的制度环境差异较大时，企业在横向整合的过程中所面临的环境的多样性、复杂性和不确定性较高。区域制度环境差异对中国企业横向整合国内市场的影响主要表现在以下三个方面：

第一，制度环境差异性越高导致横向整合企业的外部交易成本越高。外部交易成本主要来自两个方面：首先，企业在横向整合国内市场的过程中，跨区域经营所面临的制度环境的差异性越高，横向整合企业需要熟悉更多地区的制度环境，然而，制度环境差异性的程度越高，熟悉各地区制度环境的投入也相应越高。诺斯（1990）指出制度环境可以分为正式制度环境和非正式制度环境。从正式制度环境来看，为了充分了解跨区域分支机构所在地的法律、法规和相关行业规范等，企业需要做相应的研究工作甚至向第三方咨询公司求助，于是增加了企业跨区域的成本投入。从非正式制度环境来看，非正式制度环境往往是隐性的，往往需要企业在当地经营较长时间才能将其熟悉掌握，并且通常难以通过咨询公司等第三方较为便利地获得相应知识，因此，导致企业在跨区域经营中投入大量的时间和成本。结合正式制度环境与非正式制度两方面的影响来看，制度环境差异性程度越高导致横向整合企业在熟悉各地区制度环境方面投入的成本越高。其次，制度环境差异性程度越高，横向整合企业对所进入区域的制度环境的充分了解的难度越高，那么跨区域分支机构越有可能承担由于违反当地的制度规则而带来的高昂成本。譬如，一方面，企业可能由于违反政府显性或隐性的规则而受到制裁；另一方面，企业可能由于违反当地商业非正式规则，导致与当地商业伙伴的关系恶化，甚至导致丧失大量商业机会。此外，企业还可能由于违反当地的社会习俗而被当地消费者所抵触。

第二，制度环境差异性越高导致企业内部交易成本提高，也体现在两方面：首先，随着企业跨区域过程中所面临的制度环境多样性的程度提高，企业对跨区域分支机构的管理控制成本也随之提高。当企业在整合国内市场的过程中所面临的制度环境多样性较高时，跨区域分支机构与企业总部所处的制度环境差异性通常较大，由此导致总部难以用单一或惯用的方法来管理和控制面临不同区域制度环境的分支结构，而往往需要制定具有针对性的管理措施来克服区域分支机构所面临的具体的区域制度的约束。由于企业总部与跨区域分支机构的信息不对称和经验缺乏，总部在横向整合的过程中，制定和执行战略决策所面临的复杂性大为提升，相关成本大幅上升。此外，制度环境差异性越高，总部战略决策所面临的干扰因素就越多，从而导致总部决策失误的可能性越高，区域分支机构对总部决策的认同度较低，甚至拒绝执行，导致内部管理、协调成本上升。其次，制度环境差异性越高，横向整合企业总部与跨区域分支机构之间的知识转移难度越大，经营成本越高。企业经营成本的节省在很大程度上是由于企业在一个地区获得的经营知识可以转移到另一个地区。而制度环境多样性的提升，会导致企业内部知识转移失败率的提升。因为跨区域分支机构往往倾向于使用与当地制度环境相符合的，具有外部合法性的组织形式、结构和实践，旨在获得在当地经营的合法性。当制度环境差异性较高时，处于不同区域的分支机构可能面临着截然不同的制度环境，客观上要求这些分支机构在当地的经营采用较为不同的商业实践。那么，企业从一个区域分支机构所获得的经营知识可能并不适宜应用到其他不同区域的分支机构，从而导致企业内部知识转移的难度提高。内部知识转移难度较大导致各地区的分支机构往往需要分别探索适合自身制度环境的经营管理办法，从而提高了横向整合企业跨区域经营投入的时间和成本，并且极有可能由于决策失误而导致失败。

第三，制度环境差异对一体化 — 本地化战略的影响机理不同。一方面，普拉哈拉德（1975）指出，对于跨国公司在全球市场开展整合战略（一体化 — 本地化）而言，当制度环境的多样性较高时，复杂的外部环境提高了海外业务的交易成本，加剧了全球一体化的整体难度（普拉哈拉德，1975）；巴特利特、戈沙尔（1989）则直接提出，企业在国际化的过程中，进入复杂的东道国情境，全球一体化的程度通常较低。另一方面，威廉姆森（1985）指出当环境的复杂性较高时，环境的复杂性可能限制企业的范围经济，排除某些业务潜力，并且增加信息成本，此时地方响应能力尤其重要。科里斯（1991）进一步指出，高度地方响应性可以激发子公司的动态学习能力，确保企业持续优势得以继续演化发展，产生新的资源包（托曼，1991），并克服东道国经营的不利因素及在一定程度上降低交易成本（邓宁，1981））。所罗门和吴（2012）则进一步考察了制度距离对跨国银行在进入东道国市场以后表现出来的与当地企业的战略同质化偏好，他们发现，东道国和母国之间的制度距离越大，跨国银行采取与当地企业同质化战略的可能性越高。

综上所述，本研究认为，中国企业在国内市场开展跨区域的横向整合战略的过程中，所面临的制度环境差异越大，全国一体化战略的绩效表现越差，而地方化战略的绩效表现越好；制度环境差异越小，全国一体化战略的绩效表现越好，而地方化战略的绩效表现越差。于是，提出如下假设：

H8a：制度距离对横向整合企业全国一体化战略与绩效之间的关系起到负向调节作用。

H8b：制度距离对横向整合企业地方化战略与绩效之间的关系起到正向调节作用。

4.4　本章小结

本章内容先是围绕研究问题，提出了本书的概念模型，然后介绍了本书研究的理论基础，包括国际化战略与 IR 模型、制度理论、组织信息处理理论、委托代理理论。最后，结合前文对变量的维度划分，对变量间的关系进行了深入的理论分析和逻辑推导，提出了 8 组一共 14 个假设。

第5章 研究设计与变量测量

5.1 变量测量

5.1.1 自变量

本研究中的横向整合战略选择指的是中国企业在国内市场进行横向整合的过程中面对全国一体化压力和地方化压力分别做出的战略回应性选择。自费耶维舍提出全球一体化程度的概念（科尔宾，1991），学者们不再仅仅将全球一体化和地方化视为同一个概念的对立面，或者是两个高度相关的比例（道，2006；罗，2001；约翰逊，1995；罗斯，莫里森，1990；维奈克，米奇利，德温尼，2005），逐渐开始认识到一体化与地方化是可以共存的，所以在对横向整合战略测量时没有采用以往学者通常使用的二分法，即一方面分值（整合／一体化）很高并不意味着另一方面（响应／本土化）分值会很低。维奈克、米奇利、德温尼（2000）研究指出一体化与地方化都是多维构念，依据多斯和普拉哈拉德（1984）最初的研究中将一体化和地方化视为企业对外部环境压力的反应，那么，环境压力在任一维度上的表现都有所不同，即，一体化或地方化取决于特定情境。他们的研究结论意味着需要分别研究每个维度的压力，而不是将一体化或地方化视为一个整合变量。

根据巴特利特、戈沙尔（1989）的研究界定，哈热尔、佐尔格（2003）用两个变量来测度全球整合（国际化）战略：子公司地方响应的程度及总部与其他子公司相互依赖的程度。依据巴特利特、戈沙尔（1989）的研究，全球化跨国公司将会表现出高度的相互依赖性，由于是总部与子公司之间的相互依赖，以及较低水平的地方响应，多国化跨国公司则呈现出与之相反的战略表现；跨国化跨国公司则会同时表现出较高程度的相互依赖及地方响应。地方响应用四个题项来测量，分别是：本地研发的百分比，本地产量（包括由子公司在当地出售的产品）的百分比，以及产品营销在多大程度上根据本地市场做出调整。而相互依赖性则根据企业内部销售和采购的百分比来测度。塔格特（1998），哈里略、马丁内斯（1990）在研究中都使用了公司活动（包括研发、采购、制造、销售）一体化程度的概念，并且塔格特（1998）使用的响应程度与哈里略、马丁内斯（1990）测量的当地化程度的题项具有一致性。

借鉴科尔宾（1991）、维奈克等（2005）、叶阿次（2010）的研究对一体化程度的测量可以从企业横向整合战略决策的着眼点是当地市场还是全国市场、产品设计与业务流程是全国一个标准还是允许根据当地消费者的实际需求进行调整、跨省分支机构与母公司是否使用同一个技术研发平台与管理系统、跨省分支机构与母公司是高度依存还是相对独立、研发成果的应用及营销策略是由母公司统一制定还是地方制定、内部采购还是当地采购、重要岗位的任命是当地人士还是母公司委派、跨省分支机构的发展战略是自主决定还是母公司制定等九个维度展开。其中，与跨国公司在全球市场展开整合所不同的是，企业在国内市场横向整合的过程中，跨区域经常会遇到当地政府的政策阻碍，有时候为了获得一定的优惠政策，譬如，较低的税率、土地优惠等，横向整合企业通常会基于配合当地政府政策而改变其原本的产品计划或进入模式。因此，本研究对地方化程度的测量题项进行了一定的修改，补充了企业横向整合过程中配合当地政府政策的程度的题项。具体题项可见表5-1。

本量表采用李克特7分刻度，要求受访者根据企业的实际情况在1~7之间选择一个合适的分数，其中1表示非常不同意，7表示非常同意。

表 5-1　横向整合战略选择的测量量表

变量	编号	测量题项	量表来源
全国一体化程度	DOI 1	我们公司的生产或制造决策总是考虑到全国范围的市场	
	DOI 2	产品质量与服务流程需要母公司来设计	
	DOI 3	我们公司的产品都是以服务全国消费者为主	
	DOI 4	公司完全使用全国统一的技术开发平台与管理系统	
	DOI 5	我们公司的母公司与其他跨省分支结构是高度相关与依赖的	
	DOI 6	我们公司的研发成果应用于全国子公司	
	DOI 7	跨省分支机构经常从母公司采购原材料	
	DOI 8	跨省分支机构的重要高层岗位主管是从母公司派驻过来的	Korbin，1991；Venaik 等，2005；叶阿次，2010
	DOI 9	跨省分支机构的发展战略主要由母公司制定	
地方化程度	DOR 1	我们公司尊重及快速响应子公司所在地的个性化需求	
	DOR 2	我们公司总是按照地方市场制定产品战略	
	DOR 3	我们公司生产产品或提供服务在子公司所在地销售程度很高	
	DOR 4	我们公司为适应地方市场而研发或修改产品的程度很高	
	DOR 5	我们公司尊重地方的文化习惯，并体现在产品与服务中	
	DOR 6	我们公司在子公司所在地有自己的研发基地，为当地研发	
	DOR 7	我们公司根据地方市场的营销差异化程度很高	
	DOR 8	跨省分支机构的高层和中层主管是本地人的比例高	
	DOR 9	跨省分支机构配合地方政府不同政策的程度很高	

5.1.2 因变量

本研究的因变量是企业绩效，测量横向整合后企业的绩效变化情况。对绩效的测量既可以采用主观测量，也可以采用客观测量。根据本研究需要，我们采用主观绩效测量，即由受访者主观判断企业在横向整合后是否实现其预期目标。与客观绩效测量相比，主观绩效测量的优点在于：（1）可以回避用客观数据测量是由于同期其他因素作用造成对企业绩效的影响；（2）可以在一定程度上控制企业在国内市场进行跨区域的横向整合时企业绩效的评判难度。已有文献指出，在调查者为企业高管或对企业行为相当了解的相关人员时，主观判断可以较好地反映绩效指标（亨特，1990；达塔，1991；卡普伦，霍兰德，1999）。

因此，本书采用主观绩效测量的方法（如表5-2所示），借鉴亨特（1990）、达塔（1991）和卡普伦（1999）的研究，主要从市场占有率、销售收入、利润、投资回报率等方面来测量横向整合企业的财务绩效。

本量表采用李克特 7 分刻度，要求受访者根据企业的实际情况在 1～7 之间选择一个合适的分数，其中 1 表示非常不同意，7 表示非常同意。

表5-2　企业绩效的测量量表

变量	编码	测量题项	量表来源
企业绩效	FP 1	公司的销售额增长很快	Wikkund, Davidsson, Delmar, 2003; Calantone, Zhao, 2001
	FP 2	公司的市场占有率增长很快	
	FP 3	公司的利润率增长很快	
	FP 4	公司的投资回报率很高	
	FP 5	公司的资产额增长很快	
	FP 6	公司对产品的成本控制很好	

5.1.3 调节变量

（一）管理模式

借鉴对母子公司管理模式与跨国公司管理模式的研究，本研究对管理模式的研究主要从母公司对跨区域分支机构的集权程度、绩效评价及高管激励三个维度展开。

（1）母公司对跨区域分支机构的集权程度

本研究所指的集权程度是指母公司对跨区域子公司的集权程度或控制程度。范希尔（1979）首先对母子公司之间的管控进行了系统性的研究，认为可以依据集团对子公司的授权程度来对集团公司对子公司控制的模式进行分类。集团母公司授予了子公司更多的自主权，子公司的自主性水平较高，即采取了分权模式；集团母公司授予了子公司较少的自主权，子公司的自主性水平较低，即采取了集权模式。目前学者们对于母子公司管控模式的内涵及研究，大多都是在母公司对子公司集权程度的基础上进行区分。譬如，乌奇（1977，1979）、坎贝尔（1988）、希尔（1990）以及哈里略、马丁内斯（1990）等的研究。

综合看来，集权程度是考量母公司对子公司管控或管理模式的一个非常重要的指标。参考赵景华（2001）、汪建康（2007）的观点，本研究对横向整合企业对跨区域分支机构的集权程度的测量主要从以下 6 个题项展开：①母公司对跨区域分支机构的战略管理权力的集权程度；②母公司对跨区域分支机构的投资管理权力的集权程度；③母公司对跨区域分支机构的财务管理权力的集权程度；④母公司对跨区域分支机构的人事管理权力的集权程度；⑤母公司对跨区域分支机构的信息系统管理权力的集权程度；⑥母公司对跨区域分支机构的营销管理权力的集权程度。（如表 5-3 所示）

本量表采用李克特 7 分刻度，要求受访者根据企业的实际情况在 1 ～ 7 之间选择一个合适的分数，其中 1 表示非常不同意，7 表示非常同意。

表 5-3　横向整合企业对跨区域子公司集权程度的测量量表

变量	编码	测量题项	量表来源
集权程度	CP 1	母公司对跨区域分支机构的战略管理权力的集权程度	赵景华，2001；汪建康，2007
	CP 2	母公司对跨区域分支机构的投资管理权力的集权程度	
	CP 3	母公司对跨区域分支机构的财务管理权力的集权程度	
	CP 4	母公司对跨区域分支机构的人事管理权力的集权程度	
	CP 5	母公司对跨区域分支机构的信息系统管理权力的集权程度	
	CP 6	母公司对跨区域分支机构的营销管理权力的集权程度	

（2）母公司对跨区域分支机构的绩效评价

本研究所指的绩效评价是指母公司对跨区域子公司的绩效评价，不涉及集团整体绩效评价和员工绩效的评价。

选择适当的绩效评价指标和方式是进一步激励契约设计的关键和基础。绩效评价指标的选取呈现综合、多样化趋势，常见的有财务绩效指标与非财务业绩指标之分。在绩效评价指标的选择上，财务指标曾经一度占据主导地位，得到了理论界和实务界的重视和广泛应用。譬如，阿卜杜拉、凯勒（1985）对 64 家跨国公司的绩效评价系统展开调查，发现投资报酬率、利润、投资报酬率预算比较以及利润预算比较这四个财务指标对于评价海外子公司及其高管绩效特别重要。德米拉格（1988）对英国跨国公司的海外子公司绩效评价指标的研究也得出了相似的结果。随着跨国经营环境的变化，绩效评价中各种财务指标的重要性也在频繁变动。

　　然而，由于财务评价指标的弊端在于财务指标通常意味着对企业过去业绩的评价，不能反映企业未来的发展潜力，跨国公司逐渐表现出对关乎企业长远发展的非财务评价指标越来越重视，逐渐形成了结合财务与非财务指标，且以财务指标为主，非财务指标为辅的绩效评价体系。一些著名的跨国公司，譬如 IBM 公司、摩托罗拉公司以及麦当劳等都非常重视非财务评价指标的应用。

　　麦钱特、周、吴（1995）将绩效评价方式分为主观评价和客观评价。相对于定量或客观绩效评价（Objective Performance Measures）主要采取财务指标作为其绩效评价的标准，定性或主观绩效评价（Subjective Performance Measures）依赖评价者的主观判断对被评价者不能量化的绩效进行评价，它们可以观察，但很难像客观评价那样得到第三方的证实（黄再胜，2004）。在跨国公司绩效评价的相关研究中，由于跨国公司的众多海外子公司处于不同的经营环境，所面临政治、经济、外汇等跨国经营风险都呈现显著差异，因此在对海外子公司进行绩效评价时，不能仅局限于该子公司的账面盈亏，还要综合考虑其在特定经营环境中所面临的经营风险以及特定子公司对跨国公司总体战略目标的贡献大小。

　　本研究主要考察横向整合企业对跨区域子公司的绩效评价对其横向整合战略实施的影响作用，由于跨区域子公司所处外部环境复杂多变，且横向整合企业对跨区域子公司有多重目标，因此，借鉴跨国公司绩效评价的相关研究，我们对跨区域子公司的绩效评价具有复合性，通常包括一系列财务指标和非财务指标，在考察其客观评价的同时结合主观评价。

　　目前学术界对企业集团所采取的绩效评价方式主要存在两种测量方法，一种是根据上市公司所披露的高级管理人员激励契约方案，来判断企业在绩效评价时财务指标和非财务指标的重视程度，这一类的研究主要有潘飞、石美娟、童卫华（2006）等。另一种是通过访谈或者问卷调查来获取有关企业绩效评价指标的相关内容，以此来判断企业所采取的绩效评价方式。这一类的研究主要有科尔（1985）、戈麦斯－梅西亚（1992）、郝秀华（2011）等。与第一种方式相比，第二种方式通常获得是企业在绩效评价中对某些财务指标或者非财务指标的偏好性或者倾向性。但由于我国上市公司中披露高级管理人员激励契约方案的非常少，且信息不完整或者具有某种"遮盖性"，因此，第二种方式更能反映企业绩效评价的真实性。所以，本研究也采用第二种方式来测度横向整合企业对跨区域子公司采取主、客观绩效评价的偏重程度或者倾向。测量题项主要参考了范特斯蒂德等（2006）、于景伟（2003）的研究成果，具体可见表 5-4 。

本量表采用李克特 7 分刻度，要求受访者根据企业的实际情况在 1~7 之间选择一个合适的分数，其中 1 表示非常不同意，7 表示非常同意。

表5-4　横向整合企业绩效评价的测量量表

变量	编码	测量题项	量表来源
客观评价	OPM 1	母公司进行绩效评价时，非常看重跨省分支机构的盈利能力	
	OPM 2	母公司进行绩效评价时，非常看重跨省分支机构的偿债能力	
	OPM 3	母公司进行绩效评价时，非常看重跨省分支机构的经营效率	Van de Stede 等（2006）；于景伟，2003；陈佳俊，2003
主观评价	SPM 1	母公司进行绩效评价时，非常看重跨省分支机构的发展潜力	
	SPM 2	母公司进行绩效评价时，非常看重跨省分支机构在当地顾客满意度的提高	
	SPM 3	母公司进行绩效评价时，非常看重跨省分支机构的内部关系贡献度	

（3）母公司对跨区域分支机构高管的激励

本研究所指的高管激励是指母公司对跨区域分支机构高管的激励。激励契约由显性和隐性两部分组成（陈等，2009）。学者们将激励手段分为显性激励和隐性激励通常所依据的准则是，委托人能否据可观测的行动结果来惩罚代理人。依据显性合约规定的企业内部激励被称为显性激励。依据合约的内容，如果合约中规定了其他的激励手段，那么它也属于显性激励，如职位晋升。由企业外部竞争所产生的外部激励也被称为隐性激励。隐性激励是不包含在合约内容之内的，通常比较不容易被观测到，但在实践中却是客观存在的。譬如声誉激励、竞争激励等这类激励往往不是由企业内部的委托代理关系决定，而是由企业外部的市场竞争、社会环境等因素决定。

在我国企业管理者的薪酬激励体制中，三个重要的组成元素分别是货币薪酬、股权激励以及在职消费。其中，货币薪酬、股权激励这两部分由于信息较为公开，统计起来较为便利，而高管在职消费的费用常常被归属到企业"经营费用"和"管理费用"项目中，具有一定的隐蔽性，故货币薪酬和股权激励通常被称为显性薪酬，而在职消费通常被视为隐性薪酬（陈仲利，2013）。目前国内学者对于显性激励的探讨已经很丰富了，对隐形激励的关注则明显不足。尽管已有部分学者认识到了隐性激励对显性激励可能存在一定程度上的替代作用（冯根福，赵珏航，2012）或互补作用（卢瑞等，2008），但同时将显性激励与隐性激励纳入研究讨论的还较少（陈仲利，2013）。

值得注意的是，在我国企业横向整合实践中，除了在职消费，母公司的管理者通常借助一定的额外津贴对跨区域子公司的高管进行激励，以保持母子公司的战略一致性。譬如，对偏远落后地区的子公司高管给予高昂的住房补贴或者优惠购房福利以吸引、留住和激励子公司高管。

目前，学者们对高管激励（包括股权、奖金、年薪、在职消费等）的测量主要有两种方式：一是根据上市公司年报所披露的信息来进行计算，目前国内外大部分学者采用这种方式来测量不同的激励方式及水平（陈东华等，2005；沏泽玛，巴克，2006等）。二是，根据访谈或者问卷调查来获取有关激励方式、激励程度的相关内容，类似研究有加尔布雷斯、美林（1991），戈麦斯－梅西亚、韦瓦克、汉布瑞克（2010）等。

　　因此，在已有研究的基础上，本研究将横向整合企业对跨区域子公司高管激励的方式分为显性激励与隐性激励，其中显性激励包括：股权、年薪、奖金（陈等，2009；陈东华，梁上坤，蒋德权，2010）；而隐性激励在已有文献的基础上结合中国企业实践，则包括：在职消费、住房补贴以及职位晋升。（如表5-5所示）

表5-5　横向整合企业对跨区域子公司的高管激励测量量表

变量	编码	测量题项	量表来源
显性激励	MDI 1	与同行业企业相比，跨区域子公司高管持股处于行业内较高水平	Chen等，2009；陈东华，梁上坤，蒋德权，2010
	MDI 2	与同行业企业相比，跨区域子公司高管年薪处于行业内较高水平	
	MDI 3	与同行业企业相比，跨区域子公司高管奖金处于行业内较高水平	
隐性激励	MII 1	与同行业企业相比，跨区域子公司高管有较多晋升母公司高管的机会	
	MII 2	与同行业企业相比，跨区域子公司高管有较高权限进行在职消费	
	MII 3	与同行业企业相比，跨区域子公司高管有较高的住房补贴	

（二）制度距离

本研究选择"制度距离"这一概念作为市场分割的代理变量来研究中国各区域市场（省）因地方政府行政分权和相互竞争而造成的区域制度环境的差异。科斯托娃（1999）率先提出了"制度距离"的变量概念，并明确指出制度距离主要用于测量两区域间制度环境的差异。徐和申卡尔（2002）提出以公司总部和分部所在地的制度差异作为变量，来研究这种制度差异对企业战略选择及绩效的影响。针对科斯托娃提出的以国家作为制度距离的分析单位，也有学者提出了质疑。譬如，菲利普斯、特蕾西和卡拉（2009）则认为科斯托娃对制度距离的界定过于狭隘，制度距离的概念本身包括多个分析层次，譬如，国家内部的行政划分区域间（subnational）、国家间（national）、超国家间（supranational）的制度差异。依据这部分学者的观点，从企业在国内市场开展跨区域经营来看，中国市场分割性的显著存在，使得企业在国内跨区域经营所面临的风险比跨国经营更甚。在这种情况下，各区域市场（省）应该被看做是一个制度环境，中国市场同时存在多种不同的制度环境。基于菲利普斯等（2009）以及徐等（2002）的观点，本研究将制度距离界定为中国企业在国内市场开展跨区域的整合，其总部所在地与其进入区域的制度环境的差异。

关于制度距离的界定和测量，目前主要有以下两种观点。一种观点是采用主观数据，测量受访者对不同区域制度环境各维度指标的感知差异。譬如，张三保、张志学在对国内区域制度差异、CEO 管理自主权与企业风险承担的关系研究中，依据埃斯特林等（2009）提出的制度距离的二分法，将区域制度差异的测量维度分为：正式制度和非正式制度。潘镇（2006）在分析制度对于双边贸易的影响中，对制度距离的测量维度主要包括三个维度，分别是工资控制程度距离、货币政策距离以及贸易政策距离。菲利普斯等（2009）提出了四象限距离，其主要依据是东道国与母国之间制度环境差异大小与东道国制度不确定性程度高低的组合。此外，所罗门和吴（2012）则提出，制度距离可以从四个方面来衡量，分别是文化距离、经济距离、政治距离和管制距离。拜里等（2010）从制度视角探究跨国差异时，界定了九种制度距离，包括经济、金融、政治、管理、文化、人口统计、知识、全球连通以及地理距离。其中，徐和申卡尔（2002）对制度距离的测量得到了国内外大多数学者的认可和借鉴。

另一种观点认为采用主观数据测量出来的制度距离，不能反映区域间真实的制度差异化水平，往往跟随受访者的感知而不同。因此，一部分学者提出依据樊纲的市场化指数来测量区域制度距离（宋渊洋，李元旭，2013）。樊纲、王小鲁的市场化指数是在中国经济转型背景下提出的，包含了国内每个省份地区的市场化指标及其明细指标值，强调在中国的经济转轨过程中国内各地区的市场化程度比不同国家之间的市场化指数，具备更高的理论价值，同时市场开放化指数的提出也为国内外学者的实证研究提供了依据和借鉴。在实证上具有极高的价值。目前在樊纲的市场化指数的基础上，依据研究需要，国内学者开发了较多制度环境差异的测量方法。（如表5-6所示）

表5-6 制度距离相关的测量方法

研究文献	测量变量	测量方法
雷新途，熊德平（2013）	区域制度环境	制度环境特征值采用各省市自治区市场化指数（NERI）
皮圣雷，蓝海林（2014）	区域市场制度差异	将企业 i 总部所在省 t 年的市场化指数 m_{tH} 与当年其余省份市场化指数 m_{ti} 之差的平均分求均值：$$MF_t = \frac{\sum_{i}^{31}\left(m_{tH}-m_{ti}\right)^2}{31}$$
邓腾智（2013）	制度环境	樊纲的市场化程度（MI）
刘美珍（2013）	制度环境质量	依据樊纲的市场化指数将国内不同区域制度环境划分为三个等级

研究文献	测量变量	测量方法
秦令华（2013）	市场成熟度 政府和法律有效性	依据樊纲的市场化指数，用产品市场和要素市场的算数平均数来衡量市场成熟度；用政府与市场的关系和市场中介组织的发育和法律制度环境的算数平均数来衡量政府和法律的有效性
宋渊洋，李元旭（2014）	ID1：分支机构所在区域制度环境与公司总体制度环境的偏离程度； ID2：统计学里的标准差	$ID_1 = \left(\sum_{i=1}^{N} \left\| V_i - \overline{V} \right\| \right) \Big/ N$ $ID_2 = \sqrt{\dfrac{1}{N-1} \sum_{i=1}^{N} \left(V_i - \overline{V} \right)^2}$

依据本书的研究设计，由于本书要研究的是企业在国内市场跨区域过程中所面临的制度环境差异，通常情况下，企业可能会进入多个不同区域市场，为了更好地反映企业在国内市场跨区域所面临的多个制度环境的差异性，对制度距离的 ID_i 计算方法为：将企业 i 总部与所进入的 n 个区域市场的开放化指数之差的平均分求均值：

$$ID_i = \frac{\sum_{n} \left(MI_i - MI_h \right)^2}{n}$$

5.1.4　控制变量

依据前文对横向整合绩效的影响因素的综述，我们选取企业年龄、企业规模、行业类别、跨区域经营经验、企业总部所在地的市场化进程共5个指标作为本研究的控制变量。

企业年龄： 用公司的成立时间来表示，一共划分为7个等级，分别是：①3年（不包括3年）；②3~5年（不包括5年）；③5~10年（不包括10年）；④10~15年（不包括15年）；⑤15~20年（不包括20年）；⑥20~30年（不包括30年）；⑦30年及以上。

企业规模： 用近三年的平均资产额来表示，一共划分为7个等级，分别是：①0.4亿（不包括0.4亿）；②0.4亿~1亿（不包括1亿）；③1亿~4亿（不包括4亿）；④4亿~10亿（不包括10亿）；⑤10亿~20亿（不包括20亿）；⑥20亿~50亿（不包括50亿）；⑦50亿及以上。

行业类别： 借鉴已有研究，用虚拟变量表示，其中0代表非制造业，1代表制造业。

跨区域经营经验： 借鉴已有研究，用企业第一次在省外设立分支结构的时间至今（2014年）有多少年来表示，一共划分7个等级，分别是：①3年（不包括3年）；②3~5年（不包括5年）；③5~10年（不包括10年）；④10~15年（不包括15年）；⑤15~20年（不包括20年）；⑥20~30年（不包括30年）；⑦30年以上。

总部制度环境： 借鉴已有研究，用企业总部所在地的市场开放化指数来表示。

5.2 问卷设计与样本

5.2.1 问卷设计与调查过程

根据所研究问题的特点，本研究对研究的大部分构念（全国一体化、地方化、集权程度、绩效评价与激励）采用问卷调查收集一手数据对所提研究假设进行实证检验。所调查的对象是在中国国内市场进行了基于主业的跨省扩张的企业，研究进一步将研究对象限定为在总部所在省以外的国内其他省份设立分支机构（包括子公司、分公司等）的企业。问卷调查的受访者均为对企业整合运营状况和跨省经营状态均比较熟悉的高层管理人员。为了获得高质量的研究数据，尽可能提高调查数据的信度和效度，问卷的设计经过了反复的斟酌和调整，并与相关专家和企业高层管理者进行了多次的讨论，最终形成了本研究的正式问卷。问卷的设计工作开始于2014 年 4 月上旬，而最终开始进行正式问卷调查则是在 2014 年 5 月上旬，对问卷的调整和修缮工作持续了近一个月的时间。本研究的问卷设计和调查的具体过程如下：

（一）初始问卷的设计

初始问卷的设计主要是在参考国内外相关研究文献的基础上，着重考虑对中国企业的适用性，根据研究设计的需要进行了适当修改。所有的英文量表都采用双盲翻译，尽可能保证在引用过程中不偏离原义。还应该注意的是，基于中国企业横向整合的实践，本研究设计中需要测量企业横向整合过程中对跨区域分支机构绩效评价和高管激励的方式和程度。尽管现有研究中已经指明了主、客观绩效评价分别包含哪些财务和非财务指标，对具体测量指标的选择仍然参考了大量国内外相关文献，结合反复多次与战略管理学者、企业管理者的讨论，确定最符合当前中国企业横向整合实践或者得到最多理论和实践关注的指标。在高管的显性激励与隐性激励方式的选择上，仍然以相关文献为基础，结合专家、学者的反复研讨，确定最终的测量题项。最后，在进行问卷的预调查之前，由中国企业战略管理研究中心的各位老师及学生约 25 人对最终的测量量表进行了审阅和讨论，并提供了相关修改意见，从而形成了本研究的预调查问卷。

（二）预调查

形成预调查问卷之后，为了保证进入正式调查的问卷具有良好的信度和效度，本研究先进行了小范围的预调查。本次预调查一共回收 25 份有效问卷。通过对这部分问卷进行数据分析从而为后续问卷的调整和完善提供依据。首先采用上下位"临界比率法"进行项目分析，将未通过检验的项目删除；接着，在此基础上对问卷进行信度和效度检验，同样将未通过检验的项目删除。经过上述调整和完善后，就形成了本研究最终的证实调查问卷，接下来就开始进行正式的问卷调查工作。

（三）正式调查

正式的问卷调查开始于 2014 年 5 月初，至 2014 年 7 月初完成所有问卷回收工作。主要通过实地发放、邮件以及请专业调查机构等方式进行问卷的发放和回收。在进行正式调查之前，充分认识到了在国内进行问卷调查的难度，因此，为了能够收集到足够数量的调查样本，本研究通过多种途径和渠道发放问卷，具体包括：

（1）通过对广东省著名高校的 EMBA、MBA 中企业中高层管理人员进行问卷调查。在授课老师的帮助下，调查者本人将问卷带到上课班级，利用课间休息时间进行问卷发放和回收。首先对问卷发放对象进行研究所需调查对象的说明，然后请那些符合研究需求的学员填写问卷。通过授课老师的协助，确保了问卷能够在第一时间得到有效回收。

（2）通过学校 EMBA 校友录查找在企业工作的校友联系方式，通过电话、短信、E-mail 等方式与他们取得联系，确认他们所在的企业是否曾经基于其主业在国内市场开展过跨省经营活动以及受访者本人是否愿意填写问卷，对于符合本研究需求的调查对象，进一步通过 E-mail 或者邮寄问卷的方式将调查问卷尽快发放到他们手中。为确保问卷能尽可能地被回收，在这一过程中，我们多次通过电话、短信及 E-mail 等方式对一段时间内尚未返还问卷的校友进行提醒。

（3）由于本研究问卷收集的困难较大，通过上述两种方式收回的问卷量明显不足，且质量不高，于是本研究借鉴国外研究学者的普遍做法，出资请专业调查机构进行调查。为确保问卷的有效性，在这一过程中，反复与专业调查机构进行沟通，并对回收的问卷进行了严格的筛选与排查，借助互联网查阅相关样本企业的信息与收回问卷的填写信息相比对，剔除信息不属实的样本，以确保回收问卷的准确性与有效性。（如表 5-7 所示）

表 5-7　问卷的发放及回收情况

问卷数量	课堂填写	电子邮件	专业调查机构提供	合计
发放份数	166	120	179	465
回收份数	66	69	179	314
有效份数	39	40	50	129

通过上述三种渠道，本研究一共发放问卷 465 份，回收问卷 314 份，剔除问卷填写不全及作答随意、不符合本研究需求（譬如，外商独资企业或未在省外设立分支机构的企业）的企业样本 185 份，最终获得有效问卷 129 份，问卷的有效回收率为 27.74%。

5.2.2 样本特征

（一）受访者基本特征

样本的受访者基本特征主要包括以下几个方面，如表 588 所示：

1. 受访者任职企业层次：在所有的样本企业中，受访者来自母公司的样本共 120 份，占有效样本的 93.02%；受访者来自子公司的样本共 9 份，占有效样本的 6.98%。

2. 受访者职位：在所有的样本企业中，受访者属于企业高层管理者的样本共 113 份，占有效样本的 87.60%；受访者属于企业中层管理者的样本共 16 份，占有效样本的 12.40%。

3. 受访者年龄：在所有的样本企业中，受访者年龄在 30 岁以下的样本共 8 份，占有效样本的 6.20%；受访者年龄介于 30 至 40 岁的样本共 80 份，占有效样本的 62.02%；受访者年龄介于 41 至 50 岁的样本共 36 份，占有效样本的 27.13%；受访者年龄在 50 岁以上的样本共 5 份，占有效样本的 4.65%。

4. 受访者在当前企业工作年限：在所有的样本企业中，受访者在当前企业工作年限在 3 年及以下的样本共 9 份，占有效样本的 6.98%；受访者在当前企业工作年限介于 4 到 6 年的样本共 14 份，占有效样本的 10.85%；受访者在当前企业工作年限介于 7 到 10 年的样本共 51 份，占有效样本的 39.53%；受访者在当前企业工作年限在 10 年以上的样本共 55 份，占有效样本的 42.64%。

5. 受访者学历：在所有的样本企业中，受访者学历为专科及以下的样本共 7 份，占有效样本的 5.43%；受访者学历为大学本科的样本共 72 份，占有效样本的 55.81%；受访者学历为研究生及以上的样本共 50 份，占有效样本的 38.76%。

6. 受访者性别：在所有的样本企业中，受访者是男性的样本共 86 份，占有效样本的 66.67%；受访者是女性的样本共 43 份，占有效样本的 33.33%。

表 5-8　受访者基本特征

样本特征		样本量	百分比
受访者任职企业层次	母公司	120	93.02%
	子公司	9	6.98%
受访者职位	高层管理者	113	87.60%
	中层管理者	16	12.40%
受访者年龄	30 岁以下	8	6.20%
	30 ~ 40 岁	80	62.02%
	41 ~ 50 岁	36	27.13%
	50 岁以上	5	4.65%
受访者在当前企业工作年限	3 年及以下	9	6.98%
	4 ~ 6 年	14	10.85%
	7 ~ 10 年	51	39.53%
	10 年以上	55	42.64%
受访者学历	专科及以下	7	5.43%
	大学本科	72	55.81%
	研究生及以上	50	38.76%
受访者性别	男	86	66.67%
	女	43	33.33%

（二）企业基本特征

样本的企业基本特征主要包括以下几方面，如表 5-9 所示：

表 5-9　企业样本的基本特征

样本特征		样本量	百分比
企业资产规模	4000 万以下	10	7.75%
	4000 万～1 亿以下	12	9.30%
	1 亿～4 亿以下	22	17.05%
	4 亿～10 亿以下	25	19.38%
	10 亿～20 亿以下	13	10.08%
	20 亿～50 亿以下	15	11.63%
	50 亿以上	32	24.81%
所有权性质	中央国有企业	15	11.19%
	地方国有企业	22	16.42%
	民营企业	97	72.39%
所属行业	制造业	64	49.61%
	非制造业	65	50.39%
企业年龄	3 年以下	4	3.10%
	3～5 年以下	0	0
	5～10 年以下	12	9.30%
	10～15 年以下	28	21.71%
	15～20 年以下	35	27.91%
	20～30 年以下	24	18.60%
	30 年以上	25	19.38%
跨区域经营经验	3 年以下	10	7.75%
	3～5 年以下	20	15.50%
	5～10 年以下	39	30.23%
	10～15 年以下	35	27.13%
	15～20 年以下	17	13.18%
	20 年以上	8	6.20%

1. 企业资产规模。在所有的样本企业中，资产总额在 4000 万以下的样本共 10 份，占有效样本的 7.75%；资产总额在 4000 万至 1 亿的样本共 12 份，占有效样本的 9.30%；资产总额在 1 亿至 4 亿的样本共 22 份，占有效样本的 17.05%；资产总额在 4 亿至 10 亿的样本共 25 份，占有效样本的 19.38%；资产总额在 10 亿至 20 亿的样本共 13 份，占有效样本的 10.08%；资产总额在 20 亿至 50 亿的样本共 15 份，占有效样本的 11.63%；资产总额在 50 亿以上的样本共 32 份，占有效样本的 24.81%。

2. 所有权性质。在所有的样本企业中，中央国有企业有 15 家，占有效样本的 11.63%；地方国有企业有 22 家，占有效样本的 17.05%；民营企业有 97 家，占有效样本的 75.19%。

3. 所属行业。本研究主要区分了两类企业：制造业企业与非制造业企业，前者有 64 家，占有效样本的 49.61%；后者有 65 家，占有效样本的 50.39%。

4. 企业年龄。在所有的样本企业中，企业成立时间至今在 3 年以下的有 4 家，占有效样本的 3.10%；企业成立时间至今在 3～5 年以下的有 0 家；企业成立时间至今在 5～10 年（不包含 10 年）的有 12 家，占有效样本的 9.30%；企业成立时间至今在 10～15 年（不包含 15 年）的有 28 家，占有效样本的 21.71 %；企业成立时间至今在 15～20 年（不包含 20 年）的有 35 家，占有效样本的 27.91%；企业成立时间至今在 20～30 年（不包含 30 年）的有 24 家，占有效样本的 18.60%；企业成立时间至今大于 30 年的有 25 家，占有效样本的 19.38%。

5. 企业跨区域经营经验。在所有的样本企业中，企业第一次在省外设立分支机构的时间距今有 3 年以下的有 10 家，占有效样本的 7.75%；企业第一次在省外设立分支机构的时间距今有 3～5 年（不包含 5 年）的有 20 家，占有效样本的 15.50%；企业第一次在省外设立分支机构的时间距今有 5～10 年（不包含 10 年）的有 39 家，占有效样本的 30.23%；企业第一次在省外设立分支机构的时间距今有 10～15 年（不包含 15 年）的有 35 家，占有效样本的 27.13 %；企业第一次在省外设立分支机构的时间距今有 15～20 年（不包含 20 年）的有 17 家，占有效样本的 13.18%；企业第一次在省外设立分支机构的时间距今有 20 年以上的有 8 家，占有效样本的 6.20%。

5.3　研究方法

5.3.1　信度、效度分析

信度（reliability）分析主要用来检验量表的可靠性或稳定性。克伦巴赫所创的 α 系数是在态度量表法中常用的检验信度的方法。α 系数值通常在 0 至 1 之间，α 出现 0 或 1 两个极端值的可能性很低。那么究竟 α 系数要多大才算有高的信度，不同的方法论学者对此看法也不尽相同。纽兰尼（1978）认为 α 系数值等于 0.7 是一个最低但可接受的量表边界值；迪维斯（1991）则提出如下观点：α 系数值如果介于 0.60 至 0.65 之间表示该题项的可靠性很差，该题项最好不要；α 系数值介于 0.65 至 0.70 之间表示该题项的可靠性很差，但也可接受；α 系数值介于 0.70 至 0.80 之间表示该题项的可靠性相当好；α 系数值介于 0.80 至 0.90 之间表示该题项的可靠性非常好。

通过信度检验可以得到测量结果的一致性、稳定性和可靠性；而通过效度检验则可以得出测量结果的有效性和正确性。信度检验是效度检验的必要条件，即，效度检验必须建立在信度检验的基础上，没有效度的测量，即使它的信度再高，这样的测量也是没有意义的。因此，还需要进一步检验量表的效度。所谓效度（Validity）是指能够测到该测验所预测（使用者所设计的）心理或行为特质到何种程度。研究的效度一般分为两种：内在效度（internal validity）与外在效度（external validity）。内在效度指研究设计的题项叙述的正确性与真实性，外在效度则指研究推论的正确性。也有学者将效度分为三种，分别是内容效度、效标关联效度以及建构效度。其中检验内容效度只能通过逻辑分析，通常从设计的题项内容本身的合理性来判断；效标关联效度可以通过实证方法进行检验，但需要找到一个外部参照作为校标，进而分析其余效标间的关系；建构效度则又分为两类：收敛效度和区分效度，可以通过探索性因子分析和验证性因子分析进行检验。

探索性因子分析通常是将所有的测量指标一起进行因素分析，并依据所得到的因子载荷值和对变量的解释程度来进一步判断研究构念的好坏。如果测量构念同一纬度的指标因子载荷较大，同时在其他维度上的因子载荷越小，则表示该量表的结构效度越好。一般而言，探索性因子分析适用于没有很强理论指导的量表开发初期，可以对与测量内容无关（譬如，因子载荷很小）或不符合预期（譬如，出现负向的因子载荷或者大部分因子载荷没有出现在所测量的因子上等）的指标进行调整。验证性因子分析比较适用于内部结构清晰的构念，可以直接验证测量构念的内部结构假设。

5.3.2 描述性统计分析

描述性统计分析可以将收集到的数据经整理后变成有意义的信息或统计量，本研究将采用皮尔逊相关分析来对数据的相关性进行分析。通过对研究涉及的各变量之间的相互关系的初步考察，可以排除变量间的共线性问题，也是下一步继续分析各变量之间的相互作用的基础。

5.3.3 多元回归分析

相关分析可以初步判断两个或多个变量之间的相关程度、相关方向以及是否具有统计学意义，但是无法判断变量之间的因果关系，而回归分析则可以用来判断一个或多个自变量与因变量之间的线性因果关系。多元回归分析主要用于探讨两个或两个以上的自变量和因变量之间可能存在的因果关系。进行多元回归分析一般需要遵循以下步骤：（1）确定回归方程的因变量与自变量；（2）确定回归模型是线性还是非线性的；（3）建立回归方程，在样本数据的基础上结合在一定统计拟合准则下估计出模型的各种参数，得出一个确定的回归方程；（4）对回归方程中各变量进行各种检验以确定是否可以用于预测；（5）利用回归方程进行预测，建立回归方程的目的就是依据回归方程对事物的未来发展趋势进行控制和预测。

5.4　本章小结

本章内容从变量测量、问卷设计与数据收集以及研究方法等方面对本研究的研究设计与方法进行了详细说明。在变量测量中，基于本研究对相关变量操作性定义的界定，参考国内外相关研究文献，同时基于一些专家学者与企业管理者的建议，确定了本研究核心变量的测量指标。接着，严格按照文件设计调查的流程，实施了初始问卷设计、预调查、问卷修正与正式调查等步骤，从而尽可能地保证获得高质量的调查数据。最后，对本研究所采用的数据分析方法进行了说明。

第6章　研究结果

根据问卷调查的规范步骤，本研究通过三个渠道一共获得了129个符合要求的研究样本，在本章，我们将利用这129份调查数据对本研究所提出的研究假设进行检验。按照运用统计分析对研究假设进行检验的一般步骤，本检验主要包含以下三步：首先，对变量测量的信度和效度进行检验；其次，对变量的基本特征进行描述性统计分析；最后，运用强迫进入式复回归分析对研究假设进行检验。

6.1　变量描述统计与相关分析

6.1.1　信度检验

信度分析的主要目的是考察测量题项之间的内部一致性，同时对测量题项进行进一步的修正。判断测量题项的信度的最主要的判断标准就是 Cronbach's α 系数的取值，其取值范围在 0～1 之间，通常如果 α 系数不超过 0.6，普遍认为该量表内部一致信度不足；如果 α 系数达到 0.7～0.8 时表示该量表具有相当的信度；如果 α 系数达到 0.8～0.9 时说明该量表信度非常好。目前，国内学术界普遍认可吴名隆（2010）的观点，α 系数的取值大于或等于 0.7 比较好。本研究主要依据迪维斯（1991）的标准，α 系数值如果介于 0.60 与 0.65 之间最好不要；α 系数值介于 0.65 至 0.70 之间是最小可接受值；α 系数值介于 0.70 至 0.80 之间相当好；α 系数值介于 0.80 至 0.90 之间非常好。

通过信度检验可以对研究设计的测量题项进行进一步的修正，但需要综合考虑CITC值（Corrected Item-Total Correction），即修正后的分

项 — 总项相关系数。如果在信度分析过程中，某一题项的检验同时出现以下两种情况：（1）CITC 值小于 0.4；（2）删除该题项后 Cronbach's α 系数增加，表明量表的整体信度提升，此时，可以考虑删除该题项（卢纹岱，2006）。

利用 SPSS19.0 对研究变量的信度进行分析，分析结果如表 6-1 所示。对全国一体化（DOI）变量的信度检验显示，题项 DOI8 和 DOI9 的 CITC 值小于 0.3，且删除该题项后 Cronbach's α 系数增加，因此删除 DOI8 和 DOI9；对客观绩效评价（OPM）变量的信度检验显示，题项 OPM2 的 CITC 值 0.4 且删除该题项后 Cronbach's α 系数增加，因此删除 OPM2。删除未通过信度检验的题项后对剩下的题项再进行一次信度检验，结果如表 6-1 所示，从 CITC 值来看，全部大于 0.4，且各变量总体的 Cronbach's α 系数均大于 0.65，达到了临界值要求，且大部分变量的 Cronbach's α 系数均大于 0.75，说明变量具有较高的内部一致性。

表 6-1　变量的信度分析结果

变量	测量题项	修正后的分项—总项相关系数（CITC）	删除该项后的 Cronbach's α 系数	Cronbach's α 系数
一体化程度	DOI 1	0.680	0.834	0.861
	DOI 2	0.609	0.844	
	DOI 3	0.694	0.832	
	DOI 4	0.726	0.829	
	DOI 5	0.578	0.848	
	DOI 6	0.691	0.834	
	DOI 7	0.501	0.868	
	DOI 8	0.300	0.848	
	DOI 9	0.228	0.850	
地方化程度	DOR 1	0.622	0.857	0.871
	DOR 2	0.633	0.856	
	DOR 3	0.693	0.851	

续表

变量	测量题项	修正后的分项—总项相关系数（CITC）	删除该项后的Cronhach's a系数	Cronhach's a系数
地方化程度	DOR 4	0.721	0.847	0.871
	DOR 5	0.661	0.854	
	DOR 6	0.640	0.860	
	DOR 7	0.563	0.862	
	DOR 8	0.518	0.867	
	DOR 9	0.544	0.863	
集权程度	CP 1	0.740	0.875	0.896
	CP 2	0.655	0.887	
	CP 3	0.727	0.878	
	CP 4	0.747	0.874	
	CP 5	0.765	0.870	
	CP 6	0.712	0.880	
客观绩效评价	OPM 1	0.511	——	0.677
	OPM 2	0.370	0.673	
	OPM 3	0.511	——	
主观绩效评价	SPM 1	0.623	0.718	0.784
	SPM 2	0.686	0.634	
	SPM 3	0.580	0.766	
显性激励	MDI 1	0.616	0.804	0.753
	MDI 2	0.669	0.644	
	MDI 3	0.674	0.629	
隐性激励	MII 1	0.449	0.569	0.650
	MII 2	0.462	0.555	
	MII 3	0.482	0.532	
财务绩效	FP 1	0.701	0.870	0.889
	FP 2	0.696	0.872	
	FP 3	0.761	0.860	
	FP 4	0.767	0.860	
	FP 5	0.756	0.861	
	FP 6	0.567	0.890	

6.1.2 效度检验

信度检验主要回答测量结果的一致性、稳定性和可靠性问题；而效度检验则主要回答测量结果的有效性和正确性问题。信度是效度的必要条件，也就是，效度必须建立在信度的基础上，但是没有效度的测量，即使它的信度再高，这样的测量也是没有意义的。

在本研究中，全国一体化、地方化、集权程度、主观绩效评价、客观绩效评价、显性激励、隐性激励与企业绩效等八个构念的测量量表是通过文献研究、概念分析而自主提取的，因此，适合进行探索性因子分析。具体而言，本研究采用 SPSS 19.0 软件，采用主成分法来提取因子，因子抽取的原则是特征根大于 1，选择方差最大正交旋转以及最大迭代次数是 25 的方式进行探索性因子分析。

本研究采用 KMO 样本测度和 Bartlett 的球形检验来对各构建因素变量之间的相关性进行检验。

（一）全国一体化战略的探索性因子分析

对全国一体化战略的 7 个题项进行探索性因子分析，如表 6-2 所示，KMO 值为 0.887，大于 0.7，Bartlett 球形检验的卡方值为 369.544，自由度为 21，显著性系数为 0.000，表明该量表适合进行探索性因子分析。探索性因子分析的结果如表 6-3 所示。

表 6-2　全国一体化战略的 KMO 和 Bartlett 检验结果

KMO 样本测度		0.887
Bartlett 的球形检验	近似卡方	369.544
	df	21
	Sig.	0.000

表6-3　全国一体化战略的因子分析结果

测量题项		成分（1 个因子）
全国一体化	DOI 1	0.775
	DOI 2	0.723
	DOI 3	0.792
	DOI4	0.827
	DOI 5	0.690
	DOI 6	0.793
	DOI 7	0.649
特征值		3.960
方差解释度（56.576%）		56.576%

　　依据特征根大于等于 1 的因子抽取原则，同时参照碎石图，来确定项目抽取因子的有效数目。目前判断是否保留一个项目的标准普遍参考吴名隆（2010）的定义：（1）该项目是否在某一个因子上的负荷超过 0.45；（2）该项目是否在两个或以上的因子上都有超过 0.4 的负荷。从表 6-3 的因子分析结果来看，全国一体化战略仅有一个因子构成，包含 7 个题项，累计方差解释度达到了 56.576%，且各个题项的因子负荷最小也达到了 0.649。因此，从探索性因子分析的角度来看，可以判断该变量的题项具有较高的效度。

（二）地方化战略的探索性因子分析

对地方化战略的 9 个题项进行探索性因子分析，如表 6-4 所示，KMO 值为 0.892，大于 0.7，Bartlett 球形检验的卡方值为 504.237，自由度为 36，显著性系数为 0.000，表明该量表适合进行探索性因子分析。探索性因子分析的结果如表 6-5 所示。

表 6-4　地方化战略的 KMO 和 Bartlett 检验结果

KMO 样本测度		0.892
Bartlett 的球形检验	近似卡方	504.237
	df	36
	Sig.	0.000

表 6-5　地方化战略的因子分析结果

测量题项		成分	
		1	2
地方化	DOR 1	0.734	−0.406
	DOR 2	0.748	−0.449
	DOR 3	0.773	−0.051
	DOR4	0.814	−0.203

续表

测量题项		成分	
		1	2
地方化	DOR 5	0.754	−0.196
	DOR 6	0.734	0.366
	DOR 7	0.665	0.472
	DOR 8	0.609	0.302
	DOR 9	0.629	0.350
特征值		4.676	1.019
方差解释度（63.281%）		51.960%	11.321%

　　依据特征根大于等于1的因子抽取原则，同时参照碎石图来确定项目抽取因子的有效数目。目前判断是否保留一个项目的标准普遍参考吴名隆（2010）的定义：（1）该项目是否在某一个因子上的负荷超过0.45；（2）该项目是否在两个或以上的因子上都有超过0.4的负荷。从表6-5的因子分析结果来看，地方化战略很明显地划分为2个因子，这可能是由于本书在研究企业在国内市场的地方响应程度，即包括对当地消费者、市场、习俗等的响应，又加入了中国特有的对当地政策的响应导致。7个题项，累计方差解释度达到了63.281%，且各个题项的因子负荷最小也达到了0.609。因此，从探索性因子分析的角度来看，可以判断该变量的题项具有较高的效度。

（三）集权程度的探索性因子分析

对集权程度的 6 个题项进行探索性因子分析，如表 6-6 所示，KMO 值为 0.879，大于 0.7，Bartlett 球形检验的卡方值为 408.917，自由度为 15，显著性系数为 0.000，表明该量表适合进行探索性因子分析。探索性因子分析的结果如表 6-7 所示。

表 6-6　集权程度的 KMO 和 Bartlett 检验结果

KMO 样本测度		0.879
Bartlett 的球形检验	近似卡方	408.917
	df	15
	Sig.	0.000

表 6-7　集权程度的因子分析结果

测量题项		成分（1 个因子）
集权程度	CP 1	0.829
	CP 2	0.759
	CP 3	0.814
	CP 4	0.831
	CP 5	0.823
	CP 6	0.797
特征值		3.928
方差解释度（65.467%）		65.467%

依据特征根大于等于 1 的因子抽取原则，同时参照碎石图，来确定项目抽取因子的有效数目。目前判断是否保留一个项目的标准普遍参考吴名隆（2010）的定义：（1）该项目是否在某一个因子上的负荷超过 0.45；（2）该项目是否在两个或以上的因子上都有超过 0.4 的负荷。从表 6-7 的因子分析结果来看，集权程度仅有一个因子构成，包含 6 个题项，累计方差解释度达到了 65.467%，且各个题项的因子负荷最小也达到了 0.759。因此，从探索性因子分析的角度来看，可以判断该变量的题项具有较高的效度。

（四）绩效评价的探索性因子分析

对绩效评价的 5 个题项进行探索性因子分析，如表 6-8 所示，KMO 值为 0.790，大于 0.7，Bartlett 球形检验的卡方值为 190.623，自由度为 10，显著性系数为 0.000，表明该量表适合进行探索性因子分析。探索性因子分析的结果如表 6-9 所示。

表 6-8　绩效评价的 KMO 和 Bartlett 检验结果

KMO 样本测度		0.790
Bartlett 的球形检验	近似卡方	190.623
	df	10
	Sig.	0.000

依据特征根大于等于 1 的因子抽取原则，同时参照碎石图，来确定项目抽取因子的有效数目。目前判断是否保留一个项目的标准普遍参考吴名隆（2010）的定义：（1）该项目是否在某一个因子上的负荷超过 0.45；（2）该项目是否在两个或以上的因子上都有超过 0.4 的负荷。从表 6-9 的因子分析结果来看，绩效评价很明显的划分为两个因子：一个是客观评价，包含 2 个题项；另一个是主观评价，包含 3 个题项。两个因子的方差解释度分别为 23.174% 和 42.286%，累计方差解释度达到了 65.460%，且各个题

项的因子负荷最小也达到了 0.641。因此，从探索性因子分析的角度来看，可以判断该变量的题项具有较高的效度。

表 6-9　绩效评价的因子分析结果

题项	主成分因子	
	1	2
OPM1	0.641	——
OPM3	0.746	——
SPM1	——	0.790
SPM2	——	0.819
题项	1	2
SPM3	——	0.713
特征值	1.782	2.770
方差解释度（65.460%）	23.174%	42.286%

（五）高管激励的探索性因子分析

对高管激励的 6 个题项进行探索性因子分析，如表 6-10 所示，KMO 值为 0.854，大于 0.7，Bartlett 球形检验的卡方值为 274.026，自由度为 15，显著性系数为 0.000，表明该量表适合进行探索性因子分析。探索性因子分析的结果如表 6-11 所示。

表 6-10   高管激励的 KMO 和 Bartlett 检验结果

KMO 样本测度		0.854
Bartlett 的球形检验	近似卡方	274.026
	df	15
	Sig.	0.000

依据特征根大于等于 1 的因子抽取原则，同时参照碎石图，来确定项目抽取因子的有效数目。目前判断是否保留一个项目的标准普遍参考吴名隆（2010）的定义：（1）该项目是否在某一个因子上的负荷超过 0.45；（2）该项目是否在两个或以上的因子上都有超过 0.4 的负荷。从表 6-11 的因子分析结果来看，高管激励很明显的划分为两个因子：一个是显性激励，包含 3 个题项；另一个是隐性激励，包含 3 个题项。两个因子的方差解释度分别为 50.264% 和 25.725%，累计方差解释度达到了 75.989%，且各个题项的因子负荷最小也达到了 0.679。因此，从探索性因子分析的角度来看，可以判断该变量的题项具有较高的效度。

表 6-11   高管激励的因子分析结果

题项	主成分因子	
	1	2
MDI 1	0.789	——
MDI 2	0.784	——
MDI 3	0.839	——

续表

题项	主成分因子	
	1	2
MII 1	—	0.679
MII 2	—	0.687
MII 3	—	0.697
特征值	3.359	1.672
方差解释度（75.989%）	50.264%	25.725%

（六）企业绩效的探索性因子分析

对企业绩效的 6 个题项进行探索性因子分析，如表 6-12 所示，KMO 值为 0.858，大于 0.7，Bartlett 球形检验的卡方值为 402.632，自由度为 15，显著性系数为 0.000，表明该量表适合进行探索性因子分析。探索性因子分析的结果如表 6-13 所示。

表 6-12　企业绩效的 KMO 和 Bartlett 检验结果

KMO 样本测度		0.858
Bartlett 的球形检验	近似卡方	402.632
	df	15
	Sig.	0.000

依据特征根大于等于 1 的因子抽取原则，同时参照碎石图，来确定项目抽取因子的有效数目。目前判断是否保留一个项目的标准普遍参考吴名隆（2010）的定义：（1）该项目是否在某一个因子上的负荷超过 0.45；（2）该项目是否在两个或以上的因子上都有超过 0.4 的负荷。从表 6-13 的因子分析结果来看，企业绩效仅有一个因子构成，包含 6 个题项，累计方差解释度达到了 63.734%，且各个题项的因子负荷最小也达到了 0.668。因此，从探索性因子分析的角度来看，可以判断该变量的题项具有较高的效度。

表 6-13　企业绩效的因子分析结果

分析元素		成分（1 个因子）
企业绩效	FP 1	0.795
	FP 2	0.787
	FP 3	0.843
	FP 4	0.852
	FP 5	0.830
	FP 6	0.668
特征值		特征值
方差解释度（65.467%）		方差解释度（63.734%）

6.2　描述性统计及相关性分析

在进行假设检验之前，需要先考察变量间的相关性，所得结果如表 6-14 所示，表中内容包括本研究全部变量的皮尔逊相关系数以及变量的平均值和标准差。需要注意的是，变量的皮尔逊相关系数反映的仅仅是变量间的简单相关关系，更为深层次的影响还需要进行下一步的检验。

从核心变量之间的相关性来看，全国一体化、地方化与企业绩效的简单相关系数分别为 0.461 和 0.543，并且两者均在 0.05 的水平上显著，说明全国一体化、地方化与企业绩效之间都存在显著正向的简单相关关系。从控制变量与横向整合企业绩效之间的相关性来看，行业类型与企业绩效的相关系数为 -0.242，且在 0.05 的水平上显著，说明行业类型与横向整合企业绩效存在简单的负相关关系。而企业年龄、跨区域经营检验、企业规模、总部制度环境与整合绩效的相关系数均不显著。

根据吴明隆（2010）的观点，如果变量之间的相关系数在 0.75 以上，则说明可能存在共线性问题。由表 6-14 所示，从本研究所有变量的皮尔逊相关系数矩阵可知，研究变量之间不存在共线性问题。并且为了详细分析自变量之间的共线性问题，可以通过下一步计算容忍度和方差膨胀系数（VIF）来判断。上述结果只能作为初步得出的结论，对于本研究假设的支持还需要进一步的深入系统性分析，具体内容为下一节的回归分析和假设检验。

表6-14 描述性统计分析及变量间的相关系数

	1	2	3	4	5	6	7	8	9	10	11	12	13	14
1. 企业年龄	1													
2. 行业类型	-0.141	—												
3. 跨区域经营经验	0.597***	-0.093	1											
4. 企业规模	0.395**	0.002	0.483**	1										
5. 总部制度环境	-0.061	0.047	-0.034	0.104	1									
6. 全国整合	-0.057	-0.176*	0.100	-0.005	-0.129	1								
7. 地方响应	0.008	-0.185*	0.042	0.023	-0.085	0.137	1							
8. 集权程度	-0.021	-0.093	0.104	0.004	-0.146	0.507**	0.006	1						
9. 客观绩效评价	0.189*	-0.009	0.187*	0.025	-0.177*	0.342**	0.258**	0.405**	1					
10. 主观绩效评价	0.010	-0.076	-0.083	-0.206*	-0.074	0.314**	0.269**	0.410**	0.593**	1				
11. 显性激励	0.159	-0.219*	0.100	0.048	-0.187*	0.369**	0.576**	0.166	0.383**	0.377**	1			
12. 隐性激励	0.139	-0.243**	0.107	0.050	-0.140	0.420**	0.454**	0.332**	0.467**	0.409**	0.685**	1		
13. 制度距离	-0.064	-0.001	-0.114	-0.008	-0.032	-0.160	0.031	-0.123	-0.013	0.051	-0.100	-0.098	1	
14. 企业绩效	0.132	-0.242**	0.110	0.132	-0.146	0.461**	0.543**	0.308**	0.492**	0.412**	0.693**	0.680**	0.014	1
均值	5.047	1.50	3.41	4.49	11.156	5.825	5.325	5.597	5.848	5.925	4.886	5.124	8.582	5.328
标准差	1.435	0.502	1.291	1.957	1.55	0.963	0.998	0.999	0.748	0.782	1.207	0.964	7.097	0.922

注：N=129；*$p<0.1$，**$p<0.05$，***$p<0.01$；双尾检验。

6.3 回归分析

为了验证本研究提出的假设，本研究采取多元回归的方法建立回归模型以进行分析。在具体方法选择上，本书采用的是强迫进入式的复回归分析，即强迫进入法（Enter）。同时，为了检验自变量的多重共线性问题，本书在回归分析前先进行多重共线性检验。容忍度和方差膨胀因子是用来判断自变量中是否存在多重共线性的两个重要指标，容忍度的取值范围介于 0 和 1 之间，越接近于 0 表示多重共线性越强，越接近于 1 表示多重共线性越弱；方差膨胀因子是容忍度的倒数，取值大于 1，方差膨胀因子的值越大表示多重共线性越强。根据学者们（吴名隆，2010）的观点，当变量间的容忍度（Tolerance）显著大于 0，方差膨胀因子 VIF 小于 10 时，说明变量间不存在明显的多重共线性；相反，如果变量间的容忍度接近于 0，方差膨胀因子 VIF 值大于 10，说明变量间存在较强的多重共线性。下文将详细介绍本研究的回归分析结果和假设检验结果。

6.3.1 横向整合战略选择对企业绩效的影响

本研究认为全国整合与地方响应是中国企业在国内市场展开横向整合战略的重要战略选择，企业对这两种战略的不同选择或者组合影响了企业的横向整合能否取得预期目标。结合我国企业当前整合国内市场的实际情况，由于我国本土企业尚处于整合国内市场的初级阶段，于是当前阶段企业敢于基于主业开拓省外市场，尝试在国内市场实施"走出去"战略，无论是以全国一体化为主导，还是以地方化为主导都能够为企业带来较好的绩效提升。所以，本书提出假设 1，中国企业在横向整合的过程中，一体化程度对绩效存在正向影响。假设 2，中国企业在横向整合的过程中，地方化程度对绩效存在正向影响。

本研究先构建了包含全部控制变量的模型 1，为了检验全国一体化与地方化战略对企业绩效的影响，本书在模型 1 的基础上分别加入全国一体化战略与地方化战略构建本研究的模型 2 与模型 3。模型 1 和模型 2、3 的变量多重共线性分析结果见表 6-15。从表 6-15 可以看出，模型 1、2、3 中的各变量的容忍度（Tolerance）均显著大于 0，且均在 0.5 以上，方差膨胀因子 VIF 均小于 10，并且均接近于 1，这说明模型中的各变量之间不存在多重共线性问题。

表 6-15　模型 1 和模型 2、3 中变量的多重共线性分析结果

模型 1		
变量	容忍度	方差膨胀因子
企业年龄	0.617	1.620
行业类型	0.974	1.027
跨区域经营经验	0.570	1.756
企业规模	0.730	1.370
总部制度环境	0.974	1.027
模型 2		
企业年龄	0.599	1.669
行业类型	0.941	1.062
跨区域经营经验	0.555	1.803
企业规模	0.730	1.370
总部制度环境	0.958	1.044
一体化	0.919	1.088
模型 3		
企业年龄	0.616	1.624
行业类型	0.941	1.063
跨区域经营经验	0.569	1.757
企业规模	0.729	1.372
总部制度环境	0.967	1.034
地方化	0.956	1.046

模型 1、2、3 的回归分析结果见表 6-16。模型 1（F 值 =2.721，P<0.05）通过了 F 检验，说明包含全部控制变量的回归模型成立。从回归系数来看，行业类型对横向整合企业绩效的回归系数是 0.230，且通过了显著性检验（p<0.01），说明企业所属的行业对横向整合绩效有显著正向影响，即与非制造业的企业相比，制造业的企业横向整合绩效更好。企业总部制度环境（市场开放化水平）对横向整合绩效的回归系数是 -0.147，且通过了显著性检验（p<0.1），说明企业总部所在地的市场开放化水平与企业横向整合绩效呈现微弱的负相关。企业年龄、企业规模、跨区域经营经验影响都没有通过显著性检验。

模型 2（F 值 =7.289，p<0.001）通过了 F 检验，说明全国一体化程度与横向整合企业绩效关系的回归模型成立。模型 2 的调整后的 R^2 是 0.242，大于模型 1 中的调整后的 R^2 值 0.063，说明加入全国整合程度后，模型的解释力度增强。再看回归系数，全国一体化程度对横向整合企业绩效的回归系数是 0.422，且通过了显著性检验（p<0.001），说明全国一体化程度与横向整合绩效呈显著正相关。假设 1 获得支持。模型 2 中控制变量中的行业类型与横向整合绩效呈微弱正相关，企业年龄、企业规模、跨区域经营经验及企业总部制度环境（市场开放化水平）对横向整合企业绩效的影响都没有通过显著性检验。

模型 3（F 值 =10.718，p<0.001）通过了 F 检验，说明地方化程度与横向整合企业绩效关系的回归模型成立。模型 2 的调整后的 R^2 是 0.313，大于模型 1 中的调整后的 R^2 值 0.063，说明加入地方化战略后，模型的解释力度增强。再看回归系数，地方化程度对横向整合企业绩效的回归系数是 0.468，且通过了显著性检验（p<0.001），说明地方化程度与横向整合绩效呈显著正相关，假设 2 获得支持。模型 3 中控制变量中的行业类型与横向整合绩效呈微弱正相关，企业年龄、企业规模、跨区域经营经验及企业总部制度环境（市场开放化水平）对横向整合企业绩效的影响都没有通过显著性检验。

表6-16　横向整合战略选择与绩效关系的回归分析结果

不同模型	模型1		模型2		模型3	
变量	回归系数	P值	回归系数	P值	回归系数	P值
常数（Constant）	−6.537***	0.000	−2.666***	0.000	−2.703***	0.000
企业年龄	0.041	0.710	0.134	0.181	0.072	0.441
行业类型	0.230**	0.009	0.150†	0.061	0.135†	0.075
跨区域经营经验	−0.004	0.963	−0.097	0.347	−0.026	0.787
企业规模	0.134	0.183	0.138	0.127	0.116	0.179
总部制度环境	−0.147†	0.092	−0.092	0.245	−0.105	0.161
一体化	—	—	0.458***	0.000	—	—
地方化	—	—	—	—	0.508***	0.000
R^2	0.100	—	0.278	—	0.345	—
调整后 R^2	0.063	—	0.242	—	0.313	—
F值	2.721*	0.023	7.829***	0.000	10.718***	0.000

注：表中回归系数为未标准化系数B，†$p<0.1$，*$p<0.05$，**$p<0.01$，***$p<0.001$

6.3.2 管理模式的调节作用

本研究认为横向整合企业的管理模式（集权程度、绩效评价与激励）对横向整合战略（全国一体化与地方化）与企业绩效之间的关系存在调节作用。并提出了如下假设：H4a：当横向整合企业对跨区域分支结构采取客观绩效评价的倾向性较高时，全国整合程度与绩效的关系被弱化。H4b：当横向整合企业对跨区域分支结构采取客观绩效评价的倾向性较高时，地方化程度与绩效的关系被强化。H5a：当横向整合企业对跨区域分支结构采取主观绩效评价的倾向性较高时，全国整合程度与绩效的关系被强化。H5b：当横向整合企业对跨区域分支结构采取主观绩效评价的倾向性较高时，地方响应程度与绩效的关系被弱化。H6a：横向整合企业对跨区域分支机构高管的显性激励对全国一体化程度与绩效之间的关系起到正向调节作用。
H6b：横向整合企业对跨区域分支机构高管的显性激励对地方化程度与绩效
之间的关系起到正向调节作用。H7a：横向整合企业对跨区域分支机构高管
的隐性激励对全国一体化程度与绩效之间的关系起到负向调节作用。H7b：
横向整合企业对跨区域分支机构高管的隐性激励对地方化程度与绩效之间
的关系起到正向调节作用。

**（一）集权程度对横向整合战略（全国整合与地方响应）与绩效关系
的调节作用**

（1）集权程度对全国一体化战略与绩效关系的调节作用

为了检验集权程度对全国一体化战略与企业绩效关系的调节作用，本
研究构建了包含全国一体化与集权程度的模型 4，以及包含全国一体化、
集权程度、全国一体化与集权程度乘积项的模型 5。在模型 5 中，对两个
变量都进行了标准化处理，再进行乘积。从表 6-17 可以看出，模型 4、5
中的各变量的容忍度（Tolerance）均显著大于 0，并且均在 0.5 以上，方
差膨胀因子 VIF 均小于 10，并且均接近于 1，这说明模型中的各变量之间
不存在多重共线性问题。

表 6-17　模型 4 和模型 5 中变量的多重共线性分析结果

模型 4		
变量	容忍度	方差膨胀因子
企业年龄	0.598	1.672
行业类型	0.941	1.062
跨区域经营经验	0.552	1.813
企业规模	0.730	1.370
总部制度环境	0.950	1.053
一体化	0.709	1.410
集权程度	0.732	1.366

模型 5		
企业年龄	0.597	1.676
行业类型	0.938	1.066
跨区域经营经验	0.551	1.813
企业规模	0.721	1.387
总部制度环境	0.943	1.060
一体化	0.603	1.659
集权程度	0.637	1.571
一体化 * 集权程度	0.589	1.698

模型 4 和模型 5 的回归分析结果见表 6-18。模型 4（F 值 =6.877，p<0.001）、模型 5（F 值 =5.833，p<0.001）都通过 F 检验，说明包含全国一体化、集权程度两个变量的回归模型成立，包含全国一体化、集权程度、全国一体化与集权程度乘积项的模型也成立。

表 6-18　集权程度对横向整合战略选择与绩效关系的调节作用模型
回归分析结果

不同模型	模型 4		模型 5		模型 6		模型 7	
变量	回归系数	P 值	回归系数	P 值	回归系数	P 值	回归系数	P 值
常数（Constant）	-2.919**	0.001	-3.682	0.018	-0.703*	0.034	-0.666*	0.042
企业年龄	0.138	0.167	0.147	0.140	0.087	0.311	0.089	0.299
行业类型	0.150†	0.061	0.158	0.047	0.104	0.136	0.118†	0.092
跨区域经营经验	-0.105	0.310	-0.103	0.320	-0.027	0.770	-0.072	0.445
企业规模	0.139	0.125	0.122	0.176	0.045	0.694	0.068	0.548

续表

不同模型	模型 4		模型 5		模型 6		模型 7	
变量	回归系数	P 值	回归系数	P 值	回归系数	P 值	回归系数	P 值
总部制度环境	-0.084	0.289	-0.073	0.354	-0.048	0.489	-0.061	0.379
一体化	0.410***	0.000	0.477***	0.000	—	—	—	—
地方化	—	—	—	—	0.536***	0.000	0.584***	.000
集权程度	0.095	0.293	0.154	0.111	0.245***	0.001	0.261***	.000
一体化 * 集权程度	—	—	0.084†	0.091	—	—	—	—
地方化 * 集权程度	—	—	—	—	—	—	-0.119†	0.082
R^2	0.285	—	0.308	—	0.467	—	0.480	—
调整后 R^2	0.243	—	0.256	—	0.427	—	0.436	—
F 值	6.877***	0.000	5.883***	0.000	12.960***	0.000	11.254***	0.000

注：表中回归系数为未标准化系数 B，†p<0.1，*p<0.05，**p<0.01，***p<0.001

模型 5 的调整后的 R^2 是 0.256，大于模型 4 中的调整后的 R^2 值 0.243，说明加入全国整合与集权程度乘积项后，模型的解释力度增强。再看回归系数，全国一体化与集权程度乘积项对横向整合企业绩效的回归系数是 0.084，且通过了显著性检验（p<0.1），说明集权程度对全国一体化程度与横向整合绩效的关系呈微弱的正向调节作用。H3a 获得支持，即横向整合企业对跨区域分支机构的集权程度对全国一体化战略与绩效之间的关系具有正向调节作用，当集权程度较高时，全国一体化与绩效之间的关系被强化。模型 5 中各控制变量对企业绩效的影响表现为：行业类型与横向整合绩效呈正相关，企业年龄、企业规模、跨区域经营经验及企业总部制度环境（市场开放化水平）对横向整合企业绩效的影响都没

有通过显著性检验。

（2）集权程度对地方化战略与绩效关系的调节作用

为了检验集权程度对地方化战略与企业绩效关系的调节作用，本研究构建了包含地方化与集权程度的模型6，以及包含地方化、集权程度、地方化与集权程度乘积项的模型7。在模型7中，对两个变量都进行了标准化处理，再进行乘积。从表6-19可以看出，模型6、7中的各变量的容忍度（Tolerance）均显著大于0，并且均在0.5以上，方差膨胀因子VIF均小于10，并且均接近于1，这说明模型中的各变量之间不存在多重共线性问题。

表6-19　模型6和模型7中变量的多重共线性分析结果

模型6		
变量	容忍度	方差膨胀因子
企业年龄	0.607	1.648
行业类型	0.932	1.073
跨区域经营经验	0.557	1.794
企业规模	0.729	1.372
总部制度环境	0.947	1.056
地方化	0.955	1.047
集权程度	0.947	1.055
模型7		
企业年龄	0.604	1.655
行业类型	0.911	1.098
跨区域经营经验	0.530	1.885
企业规模	0.729	1.372
总部制度环境	0.942	1.062
地方化	0.922	1.084
集权程度	0.947	1.056
地方化 * 集权程度	0.879	1.138

模型 6 和模型 7 的回归分析结果见表 6-18。模型 6（F 值 =12.960，p<0.001）、模型 7（F 值 =11.254，p<0.001）都通过 F 检验，说明包含地方化、集权程度两个变量的回归模型成立，包含地方化、集权程度、地方化与集权程度乘积项的模型也成立。

模型 7 的调整后的 R^2 是 0.436，大于模型 6 中的调整后的 R^2 值 0.427，说明加入地方化与集权程度乘积项后，模型的解释力度增强。再看回归系数，地方化与集权程度乘积项对横向整合企业绩效的回归系数是 -0.119，通过显著性检验（p<0.1），这说明集权程度对地方化与横向整合绩效的关系具有微弱的负向调节作用。H3b 获得支持，即横向整合企业对跨区域分支机构的集权程度对地方化战略与绩效之间的关系具有负向调节作用。模型 7 中各控制变量对企业绩效的影响表现为：行业类型与横向整合绩效呈正相关，企业年龄、企业规模、跨区域经营经验及企业总部制度环境（市场开放化水平）对横向整合企业绩效的影响都没有通过显著性检验。

（二）绩效评价对横向整合战略（全国一体化与地方化）与绩效关系的调节作用

（1）客观绩效评价对全国一体化战略与绩效关系的调节作用

为了检验客观绩效评价对全国一体化战略与企业绩效关系的调节作用，本研究构建了包含全国一体化与客观绩效评价的模型 8，以及包含全国一体化、客观绩效评价、全国一体化与客观绩效评价乘积项的模型 9。在模型 9 中，对两个变量都进行了标准化处理，再进行乘积。从表 6-20 可以看出，模型 8、9 中的各变量的容忍度（Tolerance）均显著大于 0，并且均在 0.5 以上，方差膨胀因子 VIF 均小于 10，并且均接近于 1，这说明模型中的各变量之间不存在多重共线性问题。

表 6-20　模型 8 和 9 中变量的多重共线性分析结果

模型 8		
变量	容忍度	方差膨胀因子
企业年龄	0.582	1.719
行业类型	0.932	1.073
跨区域经营经验	0.552	1.810
企业规模	0.726	1.378
总部制度环境	0.944	1.060
一体化	0.808	1.237
客观绩效评价	0.812	1.232
模型 9		
企业年龄	0.581	1.722
行业类型	0.929	1.076
跨区域经营经验	0.542	1.844
企业规模	0.721	1.388
总部制度环境	0.944	1.060
一体化	0.674	1.483
客观绩效评价	0.805	1.243
一体化＊客观绩效评价	0.769	1.301

　　模型 8 和模型 9 的回归分析结果见表 6-21。模型 8（F 值 =11.476，p<0.001）、模型 9（F 值 =12.083，p<0.001）都通过 F 检验，说明包含全国一体化、客观绩效评价两个变量的回归模型成立，包含全国一体化、客观绩效评价、全国一体化与客观绩效评价乘积项的模型也成立。

　　模型 9 的调整后的 R^2 是 0.307，大于模型 8 中的调整后的 R^2 值 0.338，说明加入全国一体化与客观绩效评价乘积项后，模型的解释力度增强。再看回归系数，全国一体化与客观绩效评价乘积项对横向整合企业绩效的回归系数是 0.091，没有通过显著性检验（p=0.127），说明客观绩效评价对全国一体化程度与横向整合绩效的关系不具有调节作用。H4a 未获得支持，即横向整合企业对跨区域分支机构采取客观绩效评价，对全国一体化与绩效之间的关系没有影响作用。模型9中各控制变量对企业绩效的影响表现为：行业类型与横向整合绩效呈正相关，企业规模与横向整合绩效呈正相关，企业年龄、跨区域经营经验及企业总部制度环境（市场开放化水平）对横向整合企业绩效的影响都没有通过显著性检验。

表6-21 客观绩效评价对横向整合战略选择与绩效关系的调节作用模型分析结果

不同模型	模型 8		模型 9		模型 10		模型 11	
变量	回归系数	P 值	回归系数	P 值	回归系数	P 值	回归系数	P 值
常数（Constant）	1.583†	0.064	1.337	0.121	0.913	0.244	0.825	0.289
企业年龄	0.002	0.975	−0.010	0.874	0.013	0.814	0.010	0.857
行业类型	0.417**	0.003	0.418**	0.003	0.362**	0.005	0.340**	0.009
跨区域经营经验	−0.056	0.433	−0.066	0.350	−0.059	0.365	−0.054	0.402
企业规模	0.082*	0.048	0.089*	0.032	0.076*	0.046	0.078*	0.038
总部制度环境	−0.044	0.337	−0.050	0.273	−0.029	0.484	−0.027	0.520
一体化	0.103	0.109	0.158*	0.032	—	—	—	—
地方化	—	—	—	—	0.271***	0.000	0.254***	0.000
客观绩效评价	0.550***	0.000	0.551***	0.000	0.495***	0.000	0.516***	0.000
一体化 * 客观绩效评价	—	—	0.091	0.127	—	—	—	—
地方化 * 客观绩效评价	—	—	—	—	—	—	0.117†	0.080
R^2	0.338		0.350		0.441		0.455	
调整后 R^2	0.299		0.307		0.408		0.418	
F 值	8.806***	0.000	8.086***	0.000	13.614***	0.000	12.512***	0.000

注：表中回归系数为未标准化系数 B，†p<0.1，*p<0.05，**p<0.01，***p<0.001

（2）客观绩效评价对地方化战略与绩效关系的调节作用

为了检验客观绩效评价对地方化战略与企业绩效关系的调节作用，本研究构建了包含地方化与客观绩效评价的模型10，以及包含地方化、客观绩效评价、地方化与客观绩效评价乘积项的模型11。在模型11中，对两个变量都进行了标准化处理，再进行乘积。从表6-22可以看出，模型10、11中的各变量的容忍度（Tolerance）均显著大于0，并且均在0.5以上，方差膨胀因子VIF均小于10，并且均接近于1，这说明模型中的各变量之间不存在多重共线性问题。

表6-22　模型10和11中变量的多重共线性分析结果

模型10		
变量	容忍度	方差膨胀因子
企业年龄	0.607	1.648
行业类型	0.935	1.070
跨区域经营经验	0.562	1.779
企业规模	0.724	1.381
总部制度环境	0.948	1.055
地方化	0.892	1.122
客观绩效评价	0.860	1.162
模型11		
企业年龄	0.607	1.649
行业类型	0.924	1.083
跨区域经营经验	0.557	1.795
企业规模	0.723	1.383
总部制度环境	0.945	1.058
地方化	0.859	1.164
客观绩效评价	0.850	1.177
地方化 * 客观绩效评价	0.919	1.088

模型 10 和模型 11 的回归分析结果见表 6-21。模型 10（F 值 =13.614，p<0.001）、模型 11（F 值 =12.512，p<0.001）都通过 F 检验，说明包含地方化、客观绩效评价两个变量的回归模型成立，包含地方化、客观绩效评价、地方化与客观绩效评价乘积项的模型也成立。

模型 11 的调整后的 R^2 是 0.418，大于模型 10 中的调整后的 R^2 值 0.408，说明加入地方化与客观绩效评价乘积项后，模型的解释力度增强。再看回归系数，地方化与客观绩效评价乘积项对横向整合企业绩效的回归系数是 0.117，且通过了显著性检验（p<0.1），这说明客观绩效评价对地方化与横向整合绩效的关系具有微弱的正向调节作用。H4b 获得支持，即当横向整合企业对跨区域分支机构采取客观绩效评价的倾向性较高时，地方化程度与绩效之间的关系得以强化。模型 11 中各控制变量对企业绩效的影响表现为：行业类型与横向整合绩效正相关，企业规模与横向整合绩效正相关，企业年龄、跨区域经营经验及企业总部制度环境（市场开放化水平）对横向整合企业绩效的影响都没有通过显著性检验。

（3）主观绩效评价对全国一体化战略与绩效关系的调节作用

为了检验主观绩效评价对全国整合战略与企业绩效关系的调节作用，本研究构建了包含全国一体化与主观绩效评价的模型 12，以及包含全国一体化、主观绩效评价、全国一体化与主观绩效评价乘积项的模型 13。在模型 13 中，对两个变量都进行了标准化处理，再进行乘积。从表 6-23 可以看出，模型 12、13 中的各变量的容忍度（Tolerance）均显著大于 0，并且均在 0.5 以上，方差膨胀因子 VIF 均小于 10，并且均接近于 1，这说明模型中的各变量之间不存在多重共线性问题。

表 6-23　模型 12 和 13 中变量的多重共线性分析结果

模型 12		
变量	容忍度	方差膨胀因子
企业年龄	0.567	1.764
行业类型	0.943	1.061
跨区域经营经验	0.545	1.834
企业规模	0.703	1.422
总部制度环境	0.954	1.048
一体化	0.835	1.197
主观绩效评价	0.853	1.173
模型 13		
企业年龄	0.562	1.780
行业类型	0.935	1.070
跨区域经营经验	0.544	1.837
企业规模	0.699	1.430
总部制度环境	0.953	1.049
一体化	0.826	1.210
主观绩效评价	0.798	1.252
一体化 * 主观绩效评价	0.886	1.129

模型 12 和模型 13 的回归分析结果见表 6-24。模型 12（F 值 =8.450，p<0.001）、模型 13（F 值 =7.585，p<0.001）都通过 F 检验，说明包含全国一体化、主观绩效评价两个变量的回归模型成立，包含全国一体化、主观绩效评价、全国一体化与主观绩效评价乘积项的模型也成立。

模型 13 的调整后的 R^2 是 0.368，大于模型 12 中的调整后的 R^2 值 0.332，说明加入全国一体化与主观绩效评价乘积项后，模型的解释力度增强。再看回归系数，全国一体化与主观绩效评价乘积项对横向整合企业绩效的回归系数是 0.165，通过显著性检验（p=0.006），这说明主观绩效评价对全国一体化与横向整合绩效的关系具有正向调节作用。H5a 获得支持，即横向整合企业对跨区域分支机构采取主观绩效评价的倾向性对一体化与绩效之间的关系具有正向调节作用。模型 13 中各控制变量对企业绩效的影响表现为：行业类型与横向整合绩效正相关，企业规模与横向整合绩效呈正相关，企业年龄、跨区域经营经验及企业总部制度环境（市场开放化水平）对横向整合企业绩效的影响都没有通过显著性检验。

表 6-24　主观绩效评价对横向整合战略选择与绩效关系的调节作用
模型分析结果

不同类型	模型 12		模型 13		模型 14		模型 15	
变量	回归系数	P 值	回归系数	P 值	回归系数	P 值	回归系数	P 值
常数（Constant）	−4.484***	0.000	−5.327***	0.000	1.604†	0.061	0.020*	0.778
企业年龄	0.072	0.450	0.101	0.276	0.061	0.492	0.065	0.464
行业类型	0.150*	0.046	0.136†	0.064	0.111	0.126	0.140†	0.059
跨区域经营经验	−0.057	0.561	−0.090	0.347	−0.049	0.597	−0.063	0.494
企业规模	0.210*	0.016	0.210	0.014	0.192*	0.022	0.198*	0.018
总部制度环境	−0.092	0.216	−0.086	0.236	−0.113	0.111	−0.121†	0.086
一体化	0.343***	0.000	0.408***	0.000	—		—	
地方化	—		—		0.397***	0.000	0.448***	0.000
主观绩效评价	0.420***	0.000	0.489***	0.000	0.364***	0.000	0.335***	0.000
一体化＊主观绩效评价	—		0.165**	0.006	—		—	
地方化＊主观绩效评价	—		—		—		−0.127†	0.081
R^2	0.368	—	0.407	—	0.416	—	0.430	—
调整后 R^2	0.332	—	0.368	—	0.382	—	0.392	—
F 值	8.450***	0.000	7.585***	0.000	12.300***	0.000	11.337***	0.000

注：表中回归系数为未标准化系数 B，†p<0.1，*p<0.05，**p<0.01，***p<0.001

（4）主观绩效评价对地方化战略与绩效关系的调节作用

为了检验主观绩效评价对地方化战略与企业绩效关系的调节作用，本研究构建了包含地方化与主观绩效评价的模型 14，以及包含地方化、主观绩效评价、地方化与主观绩效评价乘积项的模型 15。在模型 15 中，对两个变量都进行了标准化处理，再进行乘积。从表 6-25 可以看出，模型 14、15 中的各变量的容忍度（Tolerance）均显著大于 0，并且均在 0.5 以上，方差膨胀因子 VIF 均小于 10，并且均接近于 1，这说明模型中的各变量之间不存在多重共线性问题。

表 6-25　模型 14 和 15 中变量的多重共线性分析结果

模型 14		
变量	容忍度	方差膨胀因子
企业年龄	0.614	1.629
行业类型	0.920	1.087
跨区域经营经验	0.565	1.771
企业规模	0.700	1.428
总部制度环境	0.970	1.031
地方化	0.902	1.109
主观绩效评价	0.924	1.082
模型 15		
企业年龄	0.614	1.629
行业类型	0.874	1.144
跨区域经营经验	0.561	1.784
企业规模	0.699	1.430
总部制度环境	0.965	1.036
地方化	0.776	1.288
主观绩效评价	0.878	1.139
地方化 * 主观绩效评价	0.765	1.307

模型 14 和模型 15 的回归分析结果见表 6-24。模型 14（F 值 =12.300，p<0.001）、模型 15（F 值 =11.337，p<0.001）都通过 F 检验，说明包含地方化、主观绩效评价两个变量的回归模型成立，包含地方化、主观绩效评价、地方化与主观绩效评价乘积项的模型也成立。

模型 15 的调整后的 R^2 是 0.392，大于模型 14 中的调整后的 R^2 值 0.382，说明加入地方化与主观绩效评价乘积项后，模型的解释力度增强。再看回归系数，地方化与主观绩效评价乘积项对横向整合企业绩效的回归系数是 -0.127，且通过了显著性检验（p<0.1），说明主观绩效评价对地方化程度与横向整合绩效的关系呈微弱的负向调节作用。H5b 获得支持，即当横向整合企业对跨区域分支机构采取主观绩效评价的倾向性较高时，地方化与绩效之间的关系被弱化。模型 15 中各控制变量对企业绩效的影响表现为：行业类型与横向整合绩效呈微弱正相关，企业规模与横向整合绩效呈正相关，总部制度环境与横向整合绩效呈微弱负相关，企业年龄、跨区域经营经验对横向整合企业绩效的影响都没有通过显著性检验。

（三）激励对横向整合战略（全国一体化与地方化）与绩效关系的调节作用

（1）显性激励对全国一体化战略与绩效关系的调节作用

为了检验显性激励对全国一体化战略与企业绩效关系的调节作用，本研究构建了包含全国一体化与显性激励的模型 16，以及包含全国一体化、显性激励、全国一体化与显性激励乘积项的模型 17。在模型 17 中，对两个变量都进行了标准化处理，再进行乘积。从表 6-26 可以看出，模型 16、17 中的各变量的容忍度（Tolerance）均显著大于 0，并且均在 0.5 以上，方差膨胀因子 VIF 均小于 10，并且均接近于 1，这说明模型中的各变量之间不存在多重共线性问题。

表 6-26　模型 16 和 17 中变量的多重共线性分析结果

模型 16		
变量	容忍度	方差膨胀因子
企业年龄	0.590	1.696
行业类型	0.920	1.088
跨区域经营经验	0.551	1.813
企业规模	0.729	1.372
总部制度环境	0.938	1.066
一体化	0.821	1.218
显性激励	0.812	1.231
模型 17		
企业年龄	0.586	1.705
行业类型	0.906	1.103
跨区域经营经验	0.551	1.815
企业规模	0.729	1.372
总部制度环境	0.937	1.067
一体化	0.539	1.856
显性激励	0.761	1.315
一体化 * 显性激励	0.651	1.535

　　模型 16 和模型 17 的回归分析结果见表 6-27。模型 16（F 值 =20.172，p<0.001）、模型 17（F 值 =18.274，p<0.001）都通过 F 检验，说明包含全国一体化、显性激励两个变量的回归模型成立,包含全国一体化、显性激励、全国一体化与显性激励乘积项的模型也成立。

　　模型 17 的调整后的 R^2 是 0.519,大于模型 16 中的调整后的 R^2 值 0.512,说明加入全国一体化与显性激励评价乘积项后，模型的解释力度增强。再看回归系数，全国一体化与显性激励乘积项对横向整合企业绩效的回归系数是 0.104,且通过了显著性检验（p<0.1），说明显性激励对全国一体化

与横向整合绩效的关系呈微弱的正向调节作用。H6a 获得支持，即当横向整合企业对跨区域分支机构采取的显性激励对全国一体化与绩效之间的关系起到正向调节作用，当横向整合企业对跨区域分支机构采取的显性激励水平较高时，全国一体化与绩效之间的关系被强化。模型 17 中各控制变量对企业绩效的影响表现为：企业规模与横向整合绩效呈正相关，总部制度环境、行业类型、企业年龄、跨区域经营经验对横向整合企业绩效的影响都没有通过显著性检验。

表 6-27　显性激励对横向整合战略选择与绩效关系的调节作用
模型分析结果

不同类型	模型 16		模型 17		模型 18		模型 19	
变量	回归系数	P 值	回归系数	P 值	回归系数	P 值	回归系数	P 值
常数（Constant）	2.092**	0.003	1.650*	0.028	2.248**	0.001	2.096**	0.001
企业年龄	0.008	0.875	0.015	0.778	−0.012	0.811	0.005	0.925
行业类型	−0.135	0.255	−0.111	0.348	−0.152	0.188	−0.183	0.114
跨区域经营经验	−0.036	0.547	−0.039	0.507	0.002	0.970	−0.007	0.906
企业规模	0.059†	0.084	0.060†	0.080	0.056†	0.093	0.055†	0.099
总部制度环境	−0.010	0.797	−0.008	0.833	−0.021	0.561	−0.024†	0.510
一体化	0.199**	0.002	0.275**	0.001	—	—	—	—
地方化	—	—	—	—	0.244***	0.000	0.297***	0.000
显性激励	0.456***	0.000	0.433***	0.000	0.407***	0.000	0.373***	0.000
一体化 * 显性激励	—	—	0.104†	0.095	—	—	—	—
地方化 * 显性激励	—	—	—	—	—	—	0.114†	0.084
R^2	0.539		0.549		0.563		0.574	
调整后 R^2	0.512		0.519		0.538		0.545	
F 值	20.172***	0.000	18.274***	0.000	22.257***	0.000	20.183***	0.000

注：表中回归系数为未标准化系数 B，†$p<0.1$，*$p<0.05$，**$p<0.01$，***$p<0.001$。

（2）显性激励对地方化战略与绩效关系的调节作用

为了检验显性激励对地方响应战略与企业绩效关系的调节作用，本研究构建了包含地方响应与显性激励的模型 18，以及包含地方响应、显性激励、地方响应与显性激励乘积项的模型 19。在模型 19 中，对两个变量都进行了标准化处理，再进行乘积。从表 6-28 可以看出，模型 18、19 中的各变量的容忍度（Tolerance）均显著大于 0，并且均在 0.5 以上，方差膨胀因子 VIF 均小于 10，并且均接近于 1，这说明模型中的各变量之间不存在多重共线性问题。

表 6-28　模型 18 和 19 中变量的多重共线性分析结果

模型 18		
变量	容忍度	方差膨胀因子
企业年龄	0.610	1.639
行业类型	0.932	1.074
跨区域经营经验	0.569	1.756
企业规模	0.729	1.371
总部制度环境	0.943	1.060
地方化	0.771	1.296
显性激励	0.720	1.390
模型 19		
企业年龄	0.588	1.701
行业类型	0.909	1.100
跨区域经营经验	0.565	1.770
企业规模	0.729	1.372
总部制度环境	0.942	1.062
地方化	0.606	1.651
显性激励	0.633	1.579
地方化 * 显性激励	0.738	1.355

模型 18 和模型 19 的回归分析结果见表 6-27。模型 18（F 值 =22.257，p<0.001）、模型 19（F 值 =20.183，p<0.001）都通过 F 检验，说明包含地方化、显性激励两个变量的回归模型成立，包含地方化、显性激励、地方化与显性激励乘积项的模型也成立。

模型 19 的调整后的 R^2 是 0.545，大于模型 18 中的调整后的 R^2 值 0.538，说明加入地方化与显性激励评价乘积项后，模型的解释力度增强。再看回归系数，地方化与显性激励乘积项对横向整合企业绩效的回归系数是 0.114，且通过了显著性检验（p<0.1），说明显性激励对地方化与横向整合绩效的关系呈微弱的正向调节作用。H6b 获得逆向支持，即横向整合企业对跨区域分支机构采取的显性激励对地方化与绩效之间的关系起到正向调节作用，当横向整合企业对跨区域分支机构采取的显性激励水平较高时，地方化与绩效之间的关系被强化。模型 19 中各控制变量对企业绩效的影响表现为：企业规模与横向整合绩效呈正相关，总部制度环境与横向整合绩效呈微弱的负相关，行业类型、企业年龄、跨区域经营经验对横向整合企业绩效的影响都没有通过显著性检验。

（3）隐性激励对全国一体化战略与绩效关系的调节作用

为了检验隐性激励对全国一体化战略与企业绩效关系的调节作用，本研究构建了包含全国一体化与隐性激励的模型 20，以及包含全国一体化、隐性激励、全国一体化与隐性激励乘积项的模型 21。在模型 21 中，对两个变量都进行了标准化处理，再进行乘积。从表 6-29 可以看出，模型 20、21 中的各变量的容忍度（Tolerance）均显著大于 0，并且均在 0.5 以上，方差膨胀因子 VIF 均小于 10，并且均接近于 1，这说明模型中的各变量之间不存在多重共线性问题。

表 6-29　模型 20 和 21 中变量的多重共线性分析结果

模型 20		
变量	容忍度	方差膨胀因子
企业年龄	0.588	1.702
行业类型	0.915	1.092
跨区域经营经验	0.553	1.807
企业规模	0.729	1.371
总部制度环境	0.951	1.051
一体化	0.773	1.294
隐性激励	0.768	1.302
模型 21		
企业年龄	0.587	1.702
行业类型	0.896	1.116
跨区域经营经验	0.544	1.840
企业规模	0.726	1.378
总部制度环境	0.950	1.053
一体化	0.455	2.199
隐性激励	0.754	1.327
一体化 * 隐性激励	0.546	1.830

模型 20 和模型 21 的回归分析结果见表 6-30。模型 20（F 值 =18.672，p<0.001）、模型 19（F 值 =16.777，p<0.001）都通过 F 检验，说明包含全国一体化、隐性激励两个变量的回归模型成立，包含全国一体化、隐性激励、全国一体化与隐性激励乘积项的模型也成立。

模型 21 的调整后的 R^2 是 0.496，大于模型 18 中的调整后的 R^2 值 0.419，说明加入全国一体化与隐性激励评价乘积项后，模型的解释力度增强。再看回归系数，全国一体化与隐性激励乘积项对横向整合企业绩效的回归系数是 0.085，没有通过显著性检验（p=0.140），说明隐性激励对全国一体化与横向整合绩效之间关系的调节作用不显著。H7a 没有获得支持，即横向整合企业对跨区域分支机构采取的隐性激励对全国一体化与绩效之间关系的调节作用不显著。模型 21 中各控制变量对企业绩效的影响表现为：企业规模、行业类型、企业年龄、总部制度环境、跨区域经营经验对横向整合企业绩效的影响都没有通过显著性检验。

表 6-30　隐性激励对横向整合战略选择与绩效关系的调节作用
模型分析结果

不同模型	模型 20		模型 21		模型 22		模型 23	
变量	回归系数	P 值	回归系数	P 值	回归系数	P 值	回归系数	P 值
常数 (Constant)	1.384*	0.041	0.885	0.239	1.558†	0.019	1.261†	0.056
企业年龄	0.029	0.587	0.030	0.568	0.002	0.963	0.005	0.910
行业类型	0.119	0.327	0.093	0.446	0.116	0.311	0.100	0.373
跨区域经营经验	−0.047	0.436	−0.035	0.562	−0.008	0.885	−0.002	0.969
企业规模	0.059†	0.095	0.055	0.116	0.056†	0.089	0.045	0.165
总部制度环境	−0.029	0.450	−0.027	0.481	−0.036	0.328	−0.035	0.331
一体化	0.209**	0.003	0.293**	0.001	—	—	—	—
地方化	—	—	—	—	0.279***	0.000	0.323***	0.000
隐性激励	0.536***	0.000	0.522***	0.000	0.498***	0.000	0.495***	0.000
一体化 * 隐性激励	—	—	0.085	0.140	—	—	—	—
本地化 * 隐性激励	—	—	—	—	—	—	0.126*	0.016
R^2	0.519	—	0.528	—	0.570	—	0.590	—
调整后 R^2	0.419	—	0.496	—	0.545	—	0.563	—
F 值	18.672***	0.000	16.777***	0.000	22.879***	0.000	21.583***	0.000

注：表中回归系数为未标准化系数 B，†p<0.1，*p<0.05，**p<0.01，***p<0.001。

（4）隐性激励对地方化战略与绩效关系的调节作用

为了检验隐性激励对地方响应战略与企业绩效关系的调节作用，本研究构建了包含地方化与隐性激励的模型22，以及包含地方化、隐性激励、地方化与隐性激励乘积项的模型23。在模型23中，对两个变量都进行了标准化处理，再进行乘积。从表6-31可以看出，模型22、23中的各变量的容忍度（Tolerance）均显著大于0，并且均在0.5以上，方差膨胀因子VIF均小于10，并且均接近于1，这说明模型中的各变量之间不存在多重共线性问题。

表6-31   模型22和23中变量的多重共线性分析结果

模型22		
变量	容忍度	方差膨胀因子
企业年龄	0.614	1.628
行业类型	0.920	1.087
跨区域经营经验	0.569	1.758
企业规模	0.729	1.371
总部制度环境	0.957	1.045
地方化	0.830	1.205
隐性激励	0.780	1.282
模型23		
企业年龄	0.614	1.629
行业类型	0.917	1.091
跨区域经营经验	0.568	1.761
企业规模	0.716	1.397
总部制度环境	0.957	1.045
地方化	0.752	1.330
隐性激励	0.780	1.282
地方化 * 隐性激励	0.881	1.135

模型 22 和模型 23 的回归分析结果见表 6-30。模型 22（F 值 =22.879，p<0.001）、模型 23（F 值 =21.583，p<0.001）都通过 F 检验，说明包含地方化、隐性激励两个变量的回归模型成立，包含地方化、隐性激励、地方化与隐性激励乘积项的模型也成立。

模型 23 的调整后的 R^2 是 0.563，大于模型 22 中的调整后的 R^2 值 0.545，说明加入地方化与隐性激励评价乘积项后，模型的解释力度增强。再看回归系数，地方化与隐性激励乘积项对横向整合企业绩效的回归系数是 0.126，通过了显著性检验（p<0.05），说明隐性激励对地方化与横向整合绩效的关系起到正向调节作用。H7b 获得支持，即横向整合企业对跨区域分支机构采取的隐性激励对地方化与绩效之间的关系起到正向调节作用，当横向整合企业对跨区域分支机构采取的隐性激励水平较高时，地方化与绩效之间的关系被强化。模型 23 中各控制变量对企业绩效的影响表现为：企业规模、总部制度环境、行业类型、企业年龄、跨区域经营经验对横向整合企业绩效的影响都没有通过显著性检验。

6.3.3 制度距离的调节作用

本研究认为企业在国内市场基于主业跨区域的过程中，其总部所在地与其进入区域的制度距离能够调节横向整合战略（全国一体化与地方化）与企业绩效的关系，并提出了 2 个假设。H8a：制度距离对横向整合企业全国一体化战略与绩效之间的关系起到负向调节作用。H8b：制度距离对横向整合企业地方化战略与绩效之间的关系起到负向调节作用。

（一）制度距离对全国一体化战略与绩效关系的调节作用

为了检验制度距离对全国一体化战略与企业绩效关系的调节作用，本研究构建了包含制度距离与全国一体化的模型 24，以及包含全国一体化、制度距离、全国一体化与制度距离乘积项的模型 25。在模型 25 中，对两个变量都进行了标准化处理，再进行乘积。从表 6-32 可以看出，模型 24、25 中的各变量的容忍度（Tolerance）均显著大于 0，并且均在 0.5 以上，方差膨胀因子 VIF 均小于 10，并且均接近于 1，这说明模型中的各变量之间不存在多重共线性问题。

表 6-32　模型 24 和模型 25 中变量的多重共线性分析结果

模型 24		
变量	容忍度	方差膨胀因子
企业年龄	0.605	1.654
行业类型	0.937	1.067
跨区域经营经验	0.558	1.791
企业规模	0.727	1.376
总部制度环境	0.963	1.038
一体化	0.922	1.085
制度距离	0.975	1.026
模型 25		
企业年龄	0.604	1.656
行业类型	0.936	1.068
跨区域经营经验	0.558	1.791
企业规模	0.724	1.381
总部制度环境	0.963	1.039
一体化	0.708	1.412
制度距离	0.974	1.027
一体化 * 制度距离	0.745	1.342

模型 24 和模型 25 的回归分析结果见表 6-33。模型 24（F 值 =4.532，$p < 0.001$）、模型 25（F 值 =4.584，$p < 0.001$）都通过 F 检验，说明包含全国一体化、制度距离两个变量的回归模型成立，包含全国一体化、制度距离、全国一体化与制度距离乘积项的模型也成立。

模型 25 的调整后的 R^2 是 0.183，大于模型 24 中的调整后的 R^2 值 0.162，说明加入全国整合与制度距离乘积项后，模型的解释力度增强。再看回

归系数，全国一体化与制度距离乘积项对横向整合企业绩效的回归系数
是 -0.170，通过了显著性检验（p<0.05），说明制度距离对全国一体化与
整合绩效的关系起到负向调节作用。H8a 获得支持，即制度距离对全国横
向与绩效之间的关系起到负向调节作用，当制度距离较大时，全国一体化
与绩效之间的关系被弱化。模型 25 中各控制变量对企业绩效的影响表现为：
行业类型与横向整合绩效负相关，而企业规模、总部制度环境、企业年龄、
跨区域经营经验对横向整合企业绩效的影响都没有通过显著性检验。

表 6-33　制度距离对全国整合与绩效关系的调节作用模型分析结果

不同模型	模型 24		模型 25		模型 26		模型 27	
变量	回归系数	P 值	回归系数	P 值	回归系数	P 值	回归系数	P 值
常数（Constant）	4.352***	0.000	3.947***	0.000	-0.887**	0.006	-0.928**	0.004
企业年龄	0.063	0.348	0.067	0.309	0.066	0.503	0.061	0.538
行业类型	0.301†	0.053	0.307*	0.045	0.121	0.138	0.110	0.183
跨区域经营经验	-0.044	0.572	-0.043	0.572	-0.013	0.897	-0.017	0.866
企业规模	0.075†	0.098	0.069	0.122	0.085†	0.073	0.092†	0.055
总部制度环境	-0.069	0.163	-0.071	0.145	-0.135†	0.096	-0.137†	0.092
一体化	0.272***	0.000	0.347***	0.000	—	—	—	—
地方化	—	—	—	—	0.394***	0.000	0.392***	0.000
制度距离	0.134	0.376	0.146	0.330	0.064	0.429	0.056	0.490
一体化 * 制度距离	—	—	-0.170*	0.044	—	—	—	—
地方化 * 制度距离	—	—	—	—	—	—	0.088	0.340
R^2	0.208	—	0.234	—	0.282	—	0.287	—
调整后 R^2	0.162	—	0.183	—	0.234	—	0.242	—
F 值	4.532***	0.000	4.584***	0.000	5.837***	0.000	6.127***	0.000

注：表中回归系数为未标准化系数 B，†p<0.1，*p<0.05，**p<0.01，
***p<0.001。

（二）制度距离对地方化战略与绩效关系的调节作用

为了检验制度距离对地方响应战略与企业绩效关系的调节作用，本研究构建了包含制度距离与地方化的模型26，以及包含地方化、制度距离、地方化与制度距离乘积项的模型27。在模型27中，对两个变量都进行了标准化处理，再进行乘积。从表6-34可以看出，模型26、27中的各变量的容忍度（Tolerance）均显著大于0，并且均在0.5以上，方差膨胀因子VIF均小于10，并且均接近于1，说明模型中的各变量之间不存在多重共线性问题。

表6-34　模型26和模型27中变量的多重共线性分析结果

模型26		
变量	容忍度	方差膨胀因子
企业年龄	0.617	1.620
行业类型	0.954	1.048
跨区域经营经验	0.563	1.778
企业规模	0.724	1.382
总部制度环境	0.961	1.040
地方化	0.958	1.044
制度距离	0.981	1.019
模型27		
企业年龄	.609	1.643
行业类型	0.954	1.048
跨区域经营经验	0.556	1.797
企业规模	0.718	1.392
总部制度环境	0.953	1.050
地方化	0.957	1.045
制度距离	0.939	1.065
地方化 * 制度距离	0.915	1.093

模型 26 和模型 27 的回归分析结果见表 6-33。模型 26（F 值 =5.837，p<0.001）、模型 27（F 值 =6.127，p<0.001）都通过 F 检验，说明包含地方化、制度距离两个变量的回归模型成立，包含地方化、制度距离、地方化与制度距离乘积项的模型也成立。

模型 27 的调整后的 R^2 是 0.242，大于模型 26 中的调整后的 R^2 值 0.234，说明加入地方化与制度距离乘积项后，模型的解释力度增强。再看回归系数，地方化与制度距离乘积项对横向整合企业绩效的回归系数是 0.088，没有通过显著性检验（p=0.340），说明制度距离对地方化与整合绩效的关系的调节作用不显著。H8b 未获得支持。模型 27 中各控制变量对企业绩效的影响表现为：行业类型与横向整合绩效正相关，企业规模与横向整合绩效正相关，而总部制度环境、企业年龄、跨区域经营经验对横向整合企业绩效的影响都没有通过显著性检验。

6.4　本章小结

本章的主要内容是进行数据分析和研究假设的检验，首先对变量测量的信度进行了分析，同时利用探索性因子分析和验证性因子分析对变量测量的收敛效度、区分效度进行了检验；接着将本研究所涉及的变量进行了描述性统计分析，计算了各变量的平均值与标准差，以及变量之间的简单相关系数（Pearson 相关系数）。在此基础上，利用强迫式多元回归分析对研究假设进行了检验，结果表明 14 个假设中，10 个假设获得支持，4 个假设未获得支持。

第7章 研究结果讨论

本书以 129 家基于主业在国内市场进行跨省经营的企业为研究对象，利用问卷调查获得相应数据，对本研究所提出的一系列假设进行了实证检验，并得出了一些研究结果，其中一部分假设获得支持，而另一部分假设未获得支持，本章将对这些研究结果进行理论探讨，并进一步提出本书研究结论对企业管理实践和政府政策制定的启示。

7.1 假设验证总体情况

本研究基于理论分析一共提出了 14 个研究假设，通过强迫进入式复回归分析对所提假设进行了检验，其中 11 个假设获得支持，3 个假设未获得支持，具体的研究结果可见表 7-1。

表 7-1　研究假设检验结果汇总

假设	具体表述	检验结果
H1	中国企业在横向整合的过程中，一体化程度对绩效存在正向影响。	支持
H2	中国企业在横向整合的过程中，地方化程度对绩效存在正向影响	支持
H3a	横向整合企业对跨区域分支机构的集权程度对全国一体化程度与绩效之间的关系起到正向调节作用。	支持
H3b	横向整合企业对跨区域分支机构的集权程度对地方化程度与绩效之间的关系起到负向调节作用。	支持

假设	具体表述	检验结果
H4a	当横向整合企业对跨区域分支结构采取客观绩效评价的倾向性较高时，全国一体化程度与绩效的关系被弱化。	不支持
H4b	当横向整合企业对跨区域分支结构采取客观绩效评价的倾向性较高时，地方化程度与绩效的关系被强化。	支持
H5a	当横向整合企业对跨区域分支结构采取主观绩效评价的倾向性较高时，全国一体化程度与绩效的关系被强化。	支持
H5b	当横向整合企业对跨区域分支结构采取主观绩效评价的倾向性较高时，地方化程度与绩效的关系被弱化。	支持
H6a	横向整合企业对跨区域分支机构高管的显性激励对全国一体化程度与绩效之间的关系起到正向调节作用。	支持
H6b	横向整合企业对跨区域分支机构高管的显性激励对地方化程度与绩效之间的关系起到正向调节作用。	支持
H7a	横向整合企业对跨区域分支机构高管的隐性激励对全国一体化程度与绩效之间的关系起到负向调节作用。	不支持
H7b	横向整合企业对跨区域分支机构高管的隐性激励对地方化程度与绩效之间的关系起到正向调节作用。	支持
H8a	制度距离对横向整合企业全国一体化战略与绩效之间的关系起到负向调节作用。	支持
H8b	制度距离对横向整合企业地方化战略与绩效之间的关系起到正向调节作用。	不支持

7.2　研究结果讨论

7.2.1　横向整合战略选择与企业绩效

（一）全国一体化战略与横向整合企业绩效关系的讨论

本研究提出的假设 1 获得支持，即横向整合企业在国内市场开展全国一体化战略对企业绩效有正向影响，具体表现为全国一体化的程度越高，横向整合企业绩效越好。

从现有的文献和实证研究来看，在国际化领域，有关全球一体化与绩效的关系主要得出了三种不同的观点：（1）莫里、萨姆巴热哈（2001，2003）研究认为全球一体化与企业绩效之间存在"倒U型"关系，即当全球一体化的程度很高或很低时，全球一体化战略与企业绩效负相关；当全球整合的程度处于中等水平时，全球一体化战略与企业绩效正相关。（2）格伦、克雷格、高田（2001）对日本和欧洲汽车制造商营销战略的对比分析显示，对于欧洲汽车市场而言，全球一体化对企业绩效有积极影响作用。（3）毛蕴诗、汪建成（2005），毛蕴诗、温思雅（2012）对日本跨国公司在华经营战略与绩效的实证研究表明，当前日本跨国公司一体化的程度与子公司的经营绩效负相关。

我们的研究结论支持第二种观点，全国一体化战略对横向整合企业绩效存在正向影响。尽管大部分国际化学者普遍支持第一种观点，认为过高或过低程度的全球一体化都不利于企业绩效的提升，只有中度的全球一体化可以促进企业绩效。那么，为什么我们的研究结论与国际学者的主流论断相背离？关于这一点，可以从我国企业对国内市场开展整合战略的实践来进行说明。

中国企业的横向整合战略可以视为积极应对中国市场分割性情境下的战略选择，敢于在国内市场实施横向整合战略的企业非常清楚市场分割是现行经济体制下的一种制度安排，积极应对市场分割性的影响也就是应对政府主导下的制度影响。选择实施横向整合战略的企业包括外向型企业对国内同行或者同类型企业的整合，也包括内向型企业对同类型企业的整合。然而，面对这种制度影响，采取积极应对态度的企业仅仅占一小部分，大部分中国企业对待市场分割的影响还采取消极应对的态度，这类企业非常享受在其出生地地方政府给予的各项优惠和保护政策，把与地方政府的关系看成是企业生存与发展最为重要的竞争优势。于是这类企业惧怕实施横向整合战略，通常会选择回避跨区域经营将会遇到的困难，从而将企业全部资源和经营活动放在其企业出生地，即选择高度的经营本地化。宁可选择在本地进行行业多元化，也不愿意开展跨区域经营。在国内市场分割性的情境下，实施横向整合战略的企业也被称为"先锋"，尽管有中国海运集装箱股份有限公司、振华重工（集团）股份有限公司等成功实施横向战略的企业作为典范，市场仍然对这种战略选择持怀疑态度，认为过于积极地应对市场分割性的影响有可能使企业变成"先烈"。

综合来看，目前我国企业在国内市场的横向整合战略还处于尝试和摸索阶段，大部分企业对整合国内市场还持有观望和犹豫态度。因此，可以判断，我国本土企业对国内市场的整合还处于初级阶段，在这一阶段，无论是全国一体化还是地方化均有助于企业获取规模和范围经济，有助于企业绩效的提升。而对于国外学者研究中出现的一体化程度与企业绩效呈倒 U 型关系，中国企业整合国内市场的实践显然还未到达整合程度的"临界值"，因此，在当前阶段，提高整合国内市场的一体化程度对绩效的影响主要表现为正向影响。

（二）地方化战略与横向整合企业绩效关系的讨论

本研究提出的假设 2 获得支持，即横向整合企业在国内市场开展地方化战略对企业绩效有正向影响，具体表现为地方化程度越高，横向整合企业绩效越好。

关于地方化战略对企业绩效的影响作用，主要存在两种观点：（1）正相关。曹玄俊、杰曼－洙（2006）利用对在华投资的韩资制造企业的实证结果表明，追求经营本土化的企业比不追求经营本土化的企业经营绩效更优秀，其实证结果证明本土化战略与企业经营绩效为正向相关，但显著性不高。金伦希（2010）对在华中小韩资企业的本土化影响因素及绩效实证研究显示，价值链本土化水平与组织绩效不存在显著的正相关关系，与财务绩效存在显著的正相关关系；人力资源本土化水平与组织绩效存在显著的正相关关系，与财务绩效不存在显著的正相关关系；决策权本土化水平与组织绩效和财务绩效均存在显著的正相关关系。毛蕴诗、温思雅（2012）对跨国公司在华战略的研究指出，跨国公司在中国市场的地方响应战略与企业绩效正相关。（2）负相关。格伦、克雷格、高田（2001）对日本和欧洲汽车制造商营销战略的对比分析显示，欧洲企业同时追求一体化效率和地方响应，降低了其在欧洲市场的竞争优势；日本企业采用一体化战略获得了在欧洲市场的成功。研究结论表明，在欧洲汽车市场，地方响应对企业绩效有消极影响作用。

已有的检验地方化程度与企业绩效的关系的研究都是基于发达国家的跨国公司为研究对象（如美国、欧洲和日本企业），鲜有研究关注发展中国家或新兴经济体的企业在国内市场展开的整合战略。在对比已有研究结论的基础上，我们的研究支持第一种观点，地方化战略对横向整合企业绩效存在正向影响。为了进一步理解和阐释这一结论，我们可以从国际化领域的一个疑惑入手。基于网络视角，国际化领域学者认为跨国公司实际同时嵌入于两种网络，全球网络与本地网络。全球网络是指跨国公司与其位于全球不同国家的子公司节点所构成的网络，而本地网络则是指跨国公司的东道国子公司与其所处区域的地方政府、研究机构及相关企业所构成的网络。那么这两种网络之间是否存在替代关系？国际化的成功是否是导致全球网络替代了本地网络的嵌入性？基布尔等（1998）在对跨国公司的两种网络嵌入性的研究中指出，跨国公司的全球网络不能替代其本地网络，本地网络的嵌入性越强，越有助于推动中小型企业在初期的国际化进程。跨国公司全球网络的嵌入性实际上对应着其全球一体化的程度；而本地网络的嵌入性，实际上对应着地方化的程度。于是，结合我国企业实践来看，对于我国横向整合企业而言，在整合国内市场的初级阶段，对所进入区域的地方网络嵌入性越高，即地方化程度越高，越有利于提升其在全国市场的整合绩效并推动其整合国内市场的进程。

（三）横向整合战略与绩效关系的进一步讨论

既然在当前阶段，对国内市场开展横向整合战略的企业无论是强调一体化，还是强调地方化都会获得绩效的提升，那么就引发了一个在国际化领域由来已久的争议，到底跨国化战略是不是最好的战略？针对这个问题，大量学者们展开了讨论，大部分学者认为，跨国战略兼具全球规模和地方响应的优势，跨国战略的有效实施通常比多国化战略或者全球化战略单独执行产生的绩效更好（法恩，尼兰，朱，2008；巴特利特，戈沙尔，1989，孙达拉姆，布莱克，1993，瓦西莱夫斯基，2002）。采用跨国战略的企业为了尽可能地实现全球效率和响应能力，为组织的各部门仔细分配各项任务职责。尽管如此，一些学者也对跨国化战略表示了怀疑，希特等（2001）认为在实践中，由于全球整合和地方响应的目标相冲突，企业很难实施一个非常纯粹的跨国战略。永（1997）声称，跨国战略至少是一个发展前景。派克、肖恩（2004）则认为跨国战略可能仅仅只是全球化与多国化战略之间的权衡，或者一种中间状态。

本书的研究针对一体化战略、地方化战略与绩效之间的关系展开了进一步回归分析。考虑了一体化与地方化交互项对横向整合绩效的影响，回归结果如表7-2所示，一体化与地方化的交互项对绩效的回归系数为0.116，且通过了显著性检验（p<0.05）。这说明，企业在对国内市场横向整合的过程中，提高地方化程度，能够强化一体化战略的绩效。也即是一体化与地方化程度都较高的跨区域战略可能是当前阶段中国企业横向整合的最佳战略选择。本书的研究结论与国际化战略的主流观点一致。也说明，IR模型在全球市场与在中国国内市场的得出的研究结论具有一致性。

表 7-2 横向整合战略与绩效关系的进一步回归分析

不同模型	模型 28		模型 29	
变量	回归系数	P 值	回归系数	P 值
常数（Constant）	−3.301***	0.000	−4.679***	0.000
企业年龄	0.149	0.162	0.140	0.183
行业类型	0.319†	0.052	0.349*	0.031
跨区域经营经验	−0.080	0.465	−0.074	0.491
企业规模	0.094	0.485	0.028	0.835
总部制度环境	−0.073	0.376	−0.067	0.410
一体化	0.059†	0.054	0.110*	0.026
地方化	0.341**	0.003	0.463***	0.000
一体化 * 地方化	—	—	0.116*	0.020
R^2	0.311	—	0.343	—
调整后 R^2	0.239	—	0.268	—
F 值	4.358***	0.000	4.609***	0.000

注：表中回归系数为未标准化系数 B，†p<0.1，*p<0.05，**p<0.01，***p<0.001。

7.2.2 管理模式对横向整合战略与企业绩效关系的调节作用

（一）集权程度对横向整合战略与企业绩效关系的调节作用讨论

本研究提出的假设 3a 获得支持，假设 3b 获得支持。具体说明就是，横向整合企业对跨区域分支机构的集权程度对全国一体化程度与绩效之间的关系起到正向调节作用，集权程度对地方化战略与绩效之间的关系起到负向调节作用。也就是，当横向整合企业对跨区域分支机构的集权程度较高时，强化了全国一体化战略与绩效之间的关系（如图 7-1 所示），却弱化了地方化战略与绩效之间的关系（如图 7-2 所示）。

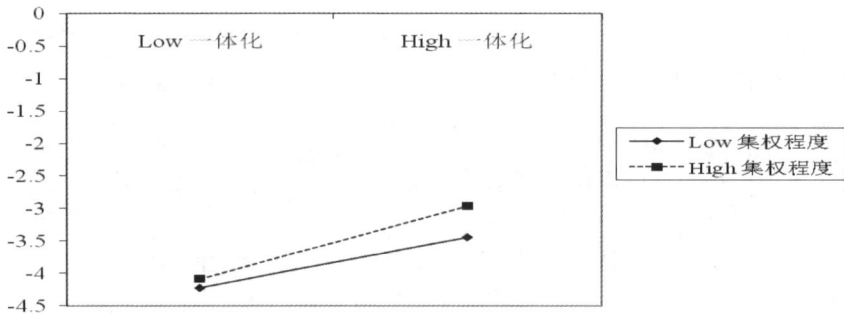

图 7-1 集权程度对全国一体化战略与企业绩效关系的调节作用

从区域分支机构所承担的不同战略角色来看，对于全国一体化战略而言，区域分支机构主要承担着特殊贡献者的角色，高度依赖于母公司，并且横向整合企业集团内跨区域分支机构之间存在着高度相互依赖的关系。若海外子公司承担着特殊贡献者的角色，那么他们必须执行母公司分配的战略任务，决策制定高度集中于母公司层面，从而保证对全球竞争形势做出综合反应（马丁内斯，哈里略，1989）。对于地方化战略而言，作为本地执行者的区域分支机构的任务是在每个国家市场，在产品、分配以及营销中满足具有差异性的当地需求（波特，1986）。作为本地执行者的区域分支机构，相对于处其他国家市场的区域分支机构以及母公司来说，其独立性较强，有资格或者能力依据每个国家的定位识别并作出当地反应（多斯，1986）。汉布瑞克、芬克尔斯坦（1987）认为，为了保证子公司快速做出针对当地特征的反应，决策制定应该高度集中在每个海外子公司中进行，当地执行者应该有着大范围的战略选择权利。也就是说，基于这种考虑，子公司的管理者在决策制定中受到的控制相对较少（拉贾戈帕兰，芬克尔斯坦，1992）。

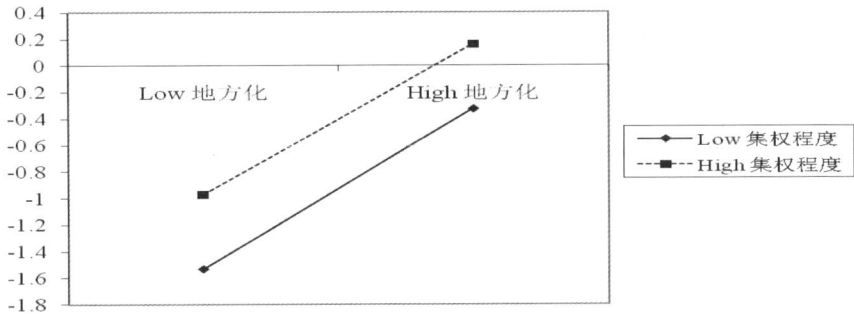

图 7-2　集权程度对地方化战略与企业绩效关系的调节作用

本研究支持现有的研究结论，即高度集权有利于全国一体化战略的实施，高度分权有利于地方化战略的实施。在以往的研究中，学者们普遍认为，选择全国一体化战略的企业通常会对其跨区域分支机构采取高度集权的管理模式，而选择地方化战略的企业则通常会对其跨区域分支采取高度分权的管理模式。因为集权程度高，意味着母公司对跨区域分支机构的控制显著，跨区域分支机构的自主权低，母公司可以在跨区域分支机构之间统一调配资源（哈热，佐尔格，2003），从而增强了母公司与跨区域分支机构之间的协调性（永，塔瓦尔，2004；马丁内斯，哈里略，1991）和战略一致性，即有利于实施全国一体化战略的企业取得更好的战略实施效果和绩效产出。实施一体化战略通过更高程度的控制，提高企业（包括母公司与区域分支机构）的信息处理能力，以实现在全球地理分散但又高度互相依赖的区域分支机构的活动的充分协调性（莫里，塞姆巴热哈，2001）。而集权程度低，也就是母公司对跨区域分支机构采取了分权的管理模式，给以跨区域分支机构更大的自主权和灵活性，有利于实施地方化战略的企业在跨区域的过程中更灵活地处理当地消费者需求及政府政策等。分权的管理模式促使跨区域分支机构能够更快地对当地需求做出反应，从而获得更好的绩效产出。

（二）绩效评价对横向整合战略与企业绩效关系的调节作用讨论

横向整合企业对跨区域分支结构采取的绩效评价方式对横向整合选择与绩效关系的调节作用的实证研究表明：当横向整合企业对跨区域分支结构采取客观绩效评价的倾向性较高时，地方化战略与绩效的关系被强化；当横向整合企业对跨区域分支结构采取主观绩效评价的倾向性较高时，全国一体化战略与绩效的关系被强化，且地方化战略与绩效的关系被弱化。（如图 7-3 所示）

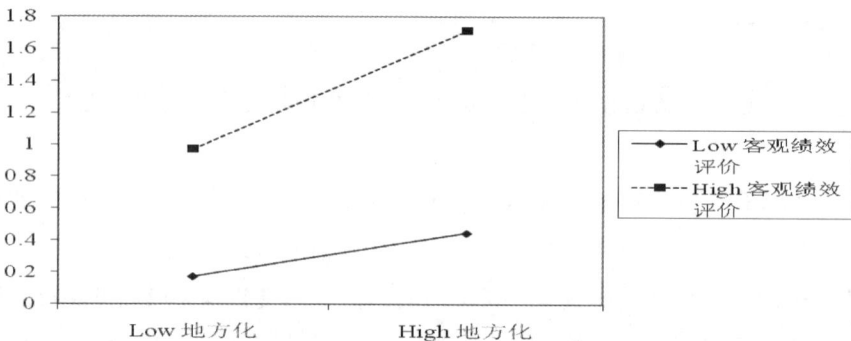

图 7-3 客观绩效评价对地方化战略与企业绩效关系的调节作用

"激励系统只有正确地理解和运用绩效评价系统的信息才能产生公平、恰当的激励行为，避免机能失调行为的发生"（波特，1993）。激励与绩效评价是相辅相成的，激励的目的是引导员工行为符合企业战略目标的要求，而绩效评价是企业选择合适的激励方式的基础。绩效评价与激励都是跨国公司与其子公司战略管理的重要工具。跨国公司对其子公司进行绩效评价的目的是掌握子公司经营业绩，进而通过调整激励手段和方式来引导子公司高管的行为，从而更好地为母公司的战略目标服务。

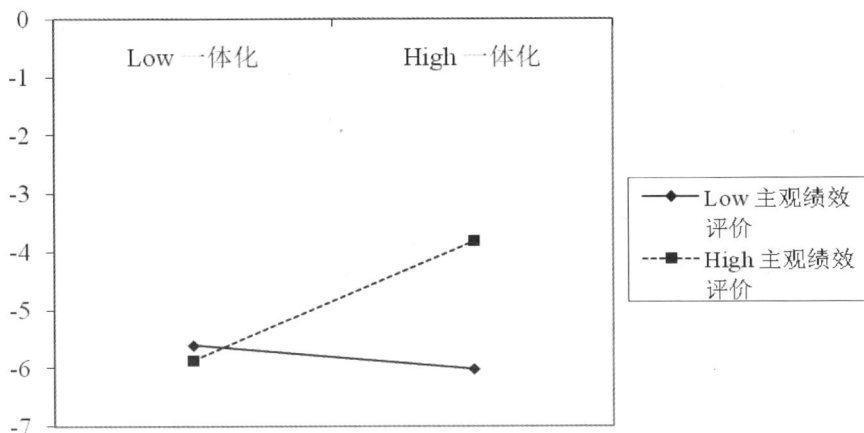

图 7-4　主观绩效评价对全国一体化战略与企业绩效关系的调节作用

  本书的研究结论回答了战略与绩效评价系统的匹配性问题。已有的研究认为，针对不同的企业战略，企业的绩效评价系统有其独特性，绩效评价方式和指标选择有所差别。（如图 7-4 所示）当企业的绩效评价系统与战略匹配时，企业绩效应该有更好的表现（范特斯蒂德，2006；奥尔森，斯莱特，2002；霍凯，2005）。本书的研究结论支持上述论点。具体展开分析如下：

  主观绩效评价对一体化战略与绩效之间的关系主要表现为：主观绩效评价能够增进代理人与委托人之间目标、利益的一致性，降低代理人的薪酬风险，提高激励契约的有效性（高晨，汤谷良，2009）。进一步地，从横向整合企业对其跨区域分支机构的绩效评价层面来分析就是，主观绩效评价能够增进跨区域分支机构与母公司之间目标、利益的一致性，即使因为母公司的一体化战略而牺牲了某些区域分支机构的利益，采取主观绩效评价，促使区域分支机构高管的薪酬不受子公司客观绩效表现的影响，从而有助于区域分支机构与母公司之间战略一致性水平较高，进而促进一体化战略的成功实施。

　　主观绩效评价对地方化战略与绩效之间的关系具有负向调节作用，可能的原因在于："管理者偏好主义（Favoritism）"①和评价"偏差（Bias）②"的问题在主观绩效评价的应用中表现突出，影响了主观评价的客观公正性，增加了下级员工或部门的不满情绪（伊特纳等，2003；莫尔斯，2005）。心理学家将评价"偏差"分为两种类型，认知偏差（Cognitive Biases）和社会偏差（Social Biases），造成认知偏差的原因主要是在绩效评价过程中上级部门及其管理者所获得信息的不完整或有偏差，认知偏差较大程度上受主观绩效评价的实施方法和程序等技术性因素的影响，譬如，主观指标界定是否清晰、打分依据是否有充足等；而造成社会偏差的原因主要是社会环境、组织氛围以及上下级部门及其管理者之间的信任关系等组织文化因素。由于主观绩效评价可能存在的认知偏差和社会偏差，于是，采取主观绩效评价的集团总部考核各区域分支机构的绩效，通常会出现一个相对宽松、集中的结果。

　　然而，地方化战略要求区域分支机构尽可能多的适应当地消费者的需求，提升本地竞争力及绩效，进一步通过各区域分支机构绩效的提升来实现整体绩效的提升。主观绩效评价促使集团总部可能在评价各区域分支机构的绩效表现时有失公允，总部对绩效表现最好的区域分支机构与其他分支机构的主观评价可能是一样的，从而不利于区域分支机构高管为提升对本地情境的适应性而做出的努力，进一步影响区域分支机构的绩效提升。于是出现了本书这样的研究结论，横向整合企业对区域分支机构采取主观绩效评价的倾向性越高，地方化战略的绩效越差。

---

①管理者偏好受到其自身因素和外界因素的影响，在企业的决策经营中表现出激进或保守等不同的倾向，现有的研究中有关管理者偏好的探讨，主要关注其面对风险采取冒险或规避等不同的态度。
②评价偏差，主要指的是在绩效评估过程中，由于评价人个人偏见和主观武断的影响，会使评估结果被歪曲，最终影响到员工的激励效果。

　　主观绩效评价对地方化战略与绩效关系的负向影响作用也从侧面印证了，横向整合企业对区域分支机构采取客观绩效评价能够使各区域分支机构的绩效表现得以客观、公正的呈现，鼓励区域分支机构进一步提升绩效，从而，正向影响地方化战略与绩效之间的关系。客观绩效评价对一体化战略与绩效的关系的调节作用的研究结论，也支持了布洛克、赛斯科威克（2007）的论点，用销售额、成长性等客观财务指标来考核海外子公司的绩效，与多国化战略绩效显著相关，而与全球化战略绩效弱相关。（如图7-5所示）

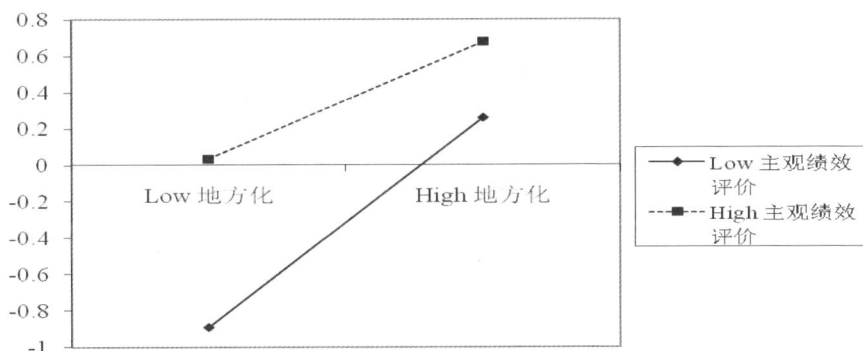

图 7-5　主观绩效评价对地方化战略与企业绩效关系的调节作用

（三）高管激励对横向整合战略选择与企业绩效关系的调节作用讨论

　　横向整合企业对跨区域分支机构的高管激励对横向整合战略选择与绩效关系的调节作用实证结果表明，横向整合企业对跨区域分支机构高管的显性激励对全国一体化战略与绩效之间的关系起到正向调节作用，对地方化战略与绩效之间的关系也起到正向调节作用；横向整合企业对跨区域分支机构高管的隐性激励对全国一体化战略与绩效关系的调节作用不显著，对地方化战略与绩效之间的关系起到正向调节作用。（如图7-6所示）

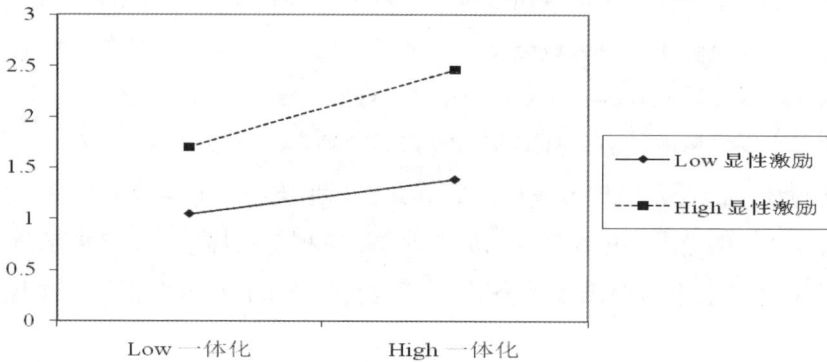

图 7-6 显性激励对全国一体化战略与企业绩效关系的调节作用

薪酬体系是促进企业战略有效实施的另一个工具（鲍尔萨姆，费尔南多，翠博西，2011）。薪酬系统能够直接调整高管在战略实施过程中的努力程度和方向（舒勒，麦克米伦，1984）。横向整合企业与跨区域分支机构的关系可以描述为：母公司作为整体战略决策的制定者，区域分支机构是战略的具体实施者。设计合理的薪酬体系能够促进分支机构高管的恰当行为，从而有助于子公司战略的成功实施（格哈特，瑞尼斯，2003；米尔科维奇，纽曼，2005）。于是从薪酬激励对高管行为的影响来看，全国一体化与地方化这两种战略分别需要借由薪酬激励调整区域分支机构高管的行为选择。全国一体化战略的实施需要区域分支机构高管保持对企业整体战略目标的高度关注，跨区域经营的过程中坚持执行母公司战略，减少在跨区域过程中的"机会主义"[①]行为，也就是要抑制高管的战略风险承担行为。借助显性合约可以清晰地约束和评价高管的努力方向和程度，给予区域分支机构高管较高程度的显性激励，有助于整合战略的成功实施。地方化战略的实施则需要高管在保

[①]机会主义概念的最早提出者是美国的著名经济学家 Williamson。Williamson（1975）最早将机会主义行为界定为：一种企业高管为了获得自身利益最大化而使用非正常手段的狡诈式策略的行为。

持对母公司的战略关注的同时，还要勇于做出一系列产品策略的调整，需要高管在跨区域过程承担更大的风险。并且在这个过程中，高管的努力程度通常在短期内不易被母公司察觉。那么，与整合战略相比，实施地方化战略需要对区域分支机构的高管同时采取显性激励和隐性激励。即，较高程度的显性和隐性激励都能促进地方化战略的成功实施。（如图 7-7 所示）

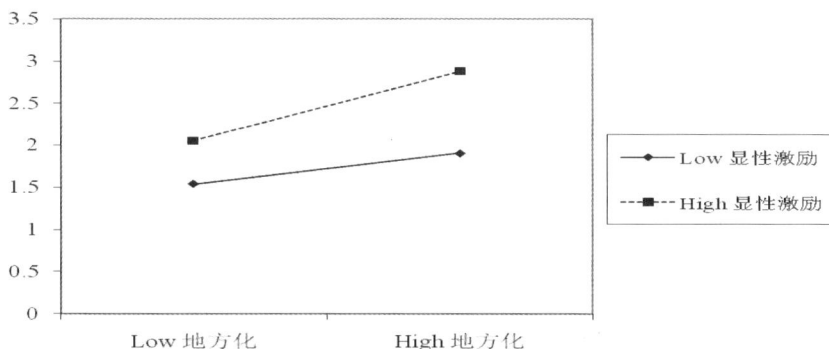

图 7-7 显性激励对地方化战略与企业绩效关系的调节作用

基于信息处理理论视角（Information-processing perspective），企业执行不同的战略需要处理的信息的复杂性水平不同，进而对信息处理的需求程度也不同（芬克尔斯坦，汉布瑞克，1988；亨德森，弗雷德里克森，1996）。因此处理复杂信息的能力是一种宝贵资源，拥有这种能力的管理者应该被比那些不具备这些能力者支付更高的薪酬。之前的研究表明，企业战略需要 CEO 处理复杂信息往往倾向于更高的 CEO 薪酬（杜鲁，雷布，2002；亨德森，弗雷德里克森，1996）。实施全国一体化战略的企业与实施地方化战略的企业，对区域分支机构高管信息处理能力的需求是不一样的。对于实施全国一体化战略的企业而言，要求区域分支机构高管能够尽可能多地掌握与母公司相关的信息，决策过程就是贯彻母公司信息的过程。对于实施地方化战略的企业而言，要求区域分支机构高管不仅要掌握与母公司战略目标相关的信息，还要大量收集与当地市场（包括消费者、行业规范、政府政策等）

相关的信息，同时还要求分支机构高管具有在这些复杂信息中抽取适合企业调整区域产品、迎合当地消费者或政府需要的正确信息。因此，与实施全国一体化战略相比，实施地方化战略需要区域分支机构高管具有更高的处理复杂信息的能力，对区域分支机构高管采取激励方式的选择需要更加多元化，需要显性合约与隐性合约结合，甚至有必要加重隐性合约在激励区域分支机构高管响应当地需求中的比重。（如图7-8所示）

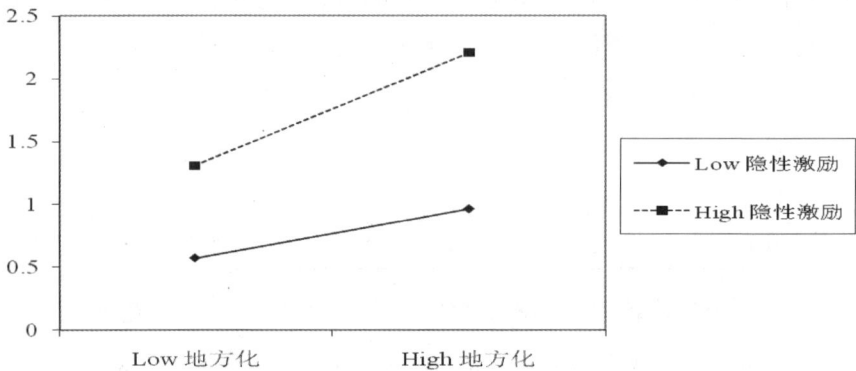

图 7-8 隐性激励对地方化战略与企业绩效关系的调节作用

（四）对显性激励的调节作用的进一步讨论

由于本研究针对横向整合企业对跨区域分支机构高管的显性激励得出的研究结论是，采取显性激励对横向整合的两种战略与绩效之间的关系都起到正向调节作用，于是我们有必要对对管理模式的调节作用展开进一步的讨论，基于中国企业实践，可以将横向整合企业总部对区域分支机构高管的显性激励分为两类：与总部挂钩的显性激励，与分部挂钩的显性激励。在问卷设计中考虑了对区域分支机构高管的股权激励情况，主要考虑了三种形式，他们分别是持集团股份、持子公司股份以及不持股。研究对这三种形式的股权激励方式对横向整合战略与绩效关系的调节作用展开了分类回归，分析结果如表7-3所示。从显著性水平来看，对于一体化战略而言，区域分支机构高管持集团股份的显著性（P<0.01）明显高于持子公司股份

（P<0.1），不持股对一体化战略与绩效关系的调节作用不显著；对于地方化战略而言，区域分支机构高管持子公司股份的显著性（P<0.001）明显高于持集团股份（P<0.01），不持股对地方化战略与绩效关系的调节作用也不显著。再比较回归系数，对于一体化战略而言，区域分支机构高管持集团股份时，一体化战略的绩效最好；对于地方化战略而言，当区域分支机构高管持子公司股份时，地方化战略的绩效最好。

因此，对跨区域分支机构高管的显性激励方式的分类回归结果证实，与总部挂钩的显性激励对一体化战略与绩效之间的关系存在显著正向调节作用，与分部挂钩的显性激励对地方化战略与绩效之间的关系存在显著正向调节作用。

表 7-3 对跨区域分支机构高管采取不同方式的股权激励的分类回归分析

绩效分组	绩效 （分组1）	绩效 （分组2）	绩效 （分组3）	绩效 （分组1）	绩效 （分组2）	绩效 （分组3）
常数（Constant）	0.151	1.125	−1.547	−3.636*	0.117	−0.352*
企业年龄	0.192	0.199	0.201	0.162	0.323†	0.089
行业类型	−0.166	−0.078	0.712	−0.041	−0.074	0.337*
绩效分组	绩效 （分组1）	绩效 （分组2）	绩效 （分组3）	绩效 （分组1）	绩效 （分组2）	绩效 （分组3）
跨区域经营经验	−0.152	−0.314	0.119	−0.332†	−0.392†	0.177
企业规模	0.141	0.063	0.055	0.075	0.266†	−0.140
总部制度环境	0.087	−0.068	−0.392	0.042	−0.295*	−0.310*
一体化	0.487**	0.412†	0.142	—	—	—
地方化	—	—	—	0.389**	0.649***	0.213

注：1. 表中回归系数为未标准化系数 B，†p<0.1，*p<0.05，**p<0.01，***p<0.001。

2. 分组1：集团股份；分组2：子公司股份；分组3：不持股。

本书的研究结论可以从子公司关系视角得到解释。罗（2005）认为在跨国公司内部，对于地理分散的子公司之间同时存在竞争与协作关系。对于一体化战略而言，各区域分支机构之间是一种协作的关系，集团总部通过薪酬、股权、奖金等方式来奖励组织内部的知识、技能甚至资源的分享行为。但是各区域分支机构的高管可能会拒绝与集团内部的其他分支机构分享。将区域分支机构高管的薪酬与总部挂钩，可以从总部层面衡量他对企业总部的贡献度，不受地方性因素的影响和干扰，有助于集团内部各区域分支机构的协作关系建立。

而对于地方化战略而言，集团总部将各区域分支机构之间的关系视为一种竞争关系。一个设计良好的激励制度应该运用企业总部操控或者调整哪个方向或者哪些方面的竞争应该被提高。譬如，在国内市场开展横向整合战略的企业总部可能会强化鼓励和刺激区域分支机构在市场扩张方面而不是总部支持方面的竞争，那么总部管理者在对区域分支机构进行年度绩效考核的过程中，会对分部市场扩张绩效赋予较高的权重。因此，企业管理者可能会首先确定哪些因素以及用什么方式对于内部竞争者（即各区域分支机构）来说有激励作用，然后将分部的绩效在哪些因素方面与激励联系起来，譬如，提高留存收益的水平以及晋升或者赞誉分部管理者。即与分部挂钩的显性激励可以显著提升地方化战略的绩效。布洛克、西斯科维克（2007）同样在实证研究中发现，将海外子公司员工的奖金与当地绩效联系起来，可以促进多国化战略的成功实施。

7.2.3 制度距离对横向整合战略与企业绩效关系的调节作用

制度距离对横向整合战略与绩效关系的调节作用实证结果表明，制度距离对全国一体化战略与绩效之间的关系起到负向调节作用，对地方化战略与绩效之间的关系调节作用不显著。即当企业总部制度环境与所进入区域的制度环境差异较大时，全国一体化战略对绩效的影响被弱化（如图7-9所示），此时，地方化战略与绩效间的关系不受制度距离的影响。

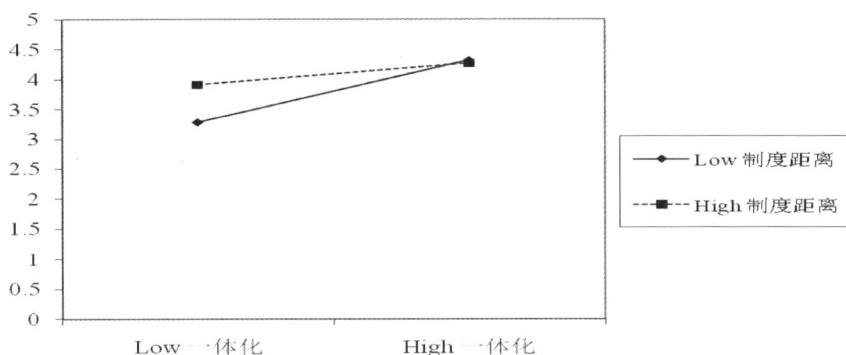

图 7-9　制度距离对全国一体化战略与企业绩效关系的调节作用

从现有的理论与实证研究来看，学者们基于制度理论视角，探讨了制度环境对企业战略选择及绩效的影响作用的相关研究主要发展出了两类研究分支。第一类研究分支主要探讨制度环境对企业跨区域经营绩效、进入模式的直接影响作用，且研究结论各不一致。布朗鲁斯、莱克斯（2004，2002）认为东道国制度环境的多样性水平越高，跨国公司越倾向于选择非股权进入模式而不是股权进入模式；而迪科娃、维特鲁斯图（2007）则持相反观点；比热尔、玛瑞（2000）则认为制度环境多样性与进入模式选择没有显著影响作用。国内学者则将中国区域制度环境分为两种比较极端的类型：以正式制度约束为主导的环境以及以非正式制度约束为主导的环境，并进一步分析了区域制度环境与企业多元化战略选择的关系，实证研究结果表明，处于以正式制度约束为主导的区域环境下的优势企业倾向于选择区域多元化战略；而处于以非正式制度约束为主导的区域环境下的优势企业更倾向于选择产品多元化战略（宋铁波，蓝海林，曾萍，2010）。秦令华（2013）在对转型经济背景下中国私营企业的战略选择与绩效关系的研究中指出，市场成熟度以及政府和法律的有效性显著影响了企业战略选择的趋同性。廖开荣、陈爽英（2011）以 2006 年全国民营企业为调查样本，研究制度环境对民营企业研发投入的影响，实证结果显示，政府服务对民营企业的研发投入有显著促进作用，而政府管制对民营企业研发投入则有显著消极影响。于晓宇（2013）通过实证研究证实，母国制度环境越完善，新创企业的国际创业绩效越好。宋渊洋、李元旭（2013）以在国内市场展开跨区域经营的企业为研究对象，研究制度环境差异对跨区域经营的企业绩效影响作用，实证结果显示，制度环境差异与企业产品市场绩效呈倒 U 型关系，即制度环境差异过低或过高均不利于提高产品市场绩效。

第二类研究分支则将制度环境视为影响企业战略与绩效的调节变量，而不是解释变量。李，奥布里－吉马（2001）认为中国制度环境对产品创新战略与绩效关系的影响作用主要表现为两个方面：制度支持与环境动荡性。其中制度支持反映了行政机构（譬如政府部门）对企业降低在经济转型过程中不完善的制度架构的不利影响的支持程度；而环境动荡性则是指市场环境的变革与不确定性。并通过实证研究表明，支持性政策对中国新技术企业的产品创新战略与绩效之间的关系起到正向调节作用；环境动荡性对产品创新战略与绩效之间的关系也起到正向调节作用。王谦、赵静（2012)基于制度视角对国际化程度与企业经营绩效关系的实证研究指出，二者之间的关系受到其他外部环境因素的影响，譬如，东道国的法律环境，母国与东道国之间的制度差异等。

在研究制度距离对整合战略与绩效的影响中，本研究也将制度距离视为一种重要的情境变量。本研究的实证结果表明，制度距离对全国一体化战略与绩效之间的关系起到负向调节作用。展开来看，制度距离负向影响一体化战略与绩效之间的关系主要表现为三个方面：（1）制度距离影响企业跨区域的经营成本，通常母公司与跨区域子公司之间的制度环境差异越大，跨区域子公司向母公司与其他子公司转移战略资源的难度越高，内部交易成本就会越大。官僚成本、低效率以及管理者对复杂国际制度环境的理解能力有限，都会对企业跨区域经营产生负面影响（达塔，1991）。（2）制度距离影响跨区域经营风险，由于对所进入区域的法律、法规、政策、习惯等制度不了解，会给企业整合国内市场带来意外的风险，决策失败的几率也大幅提高。（3）基于知识转移的视角理解制度距离对一体化战略的影响，制度距离越远，跨区域转移知识越困难，具体说明就是，管理距离与转移明晰性知识的难度成正比，规范和认知距离与转移默会性知识的难度成正比（吴晓云，陈怀超，2011）。一体化战略的成功实施通常取决于跨国公司内部知识或信息的整合，以及子公司活动的高度协调（梅耶尔，埃斯特林，2013）。制度距离较大，导致知识或信息在母公司与跨区域子公司之间的转移和共享难度高，从而影响子公司之间活动的协调性，整合效应难以实现。

制度距离对地方化战略与绩效之间关系的调节作用不显著，可能是由于以下两方面方面原因：一方面，一体化战略与地方化战略对横向整合企业绩效的影响机理是不同的，一体化战略中子公司通常扮演内部贡献者的角色，通常会牺牲一些子公司的绩效，谋求企业整体绩效的提升；而地方化战略实施过程中，跨区域子公司通常扮演着本地经营者的角色，通过提升在当地的竞争力，首先提升当地企业绩效，进而推动企业整体绩效提升。制度距离影响了企业内部交易成本和外部经营成本，直接影响了横向整合企业整体的绩效表现，但是对区域分支机构的绩效不起到直接影响作用。另一方面，从管理者认知的角度来看，企业进入制度距离较大的地区，管理者对制度环境差异的认知过于深刻，更注重对当地制度知识的获取，而忽略了对当地商务知识的获取。依据李京勋、鱼文英（2009）的实证研究，本地制度知识对子公司绩效没有显著影响。与海外子公司外部环境有关的本地制度知识和从母公司获取的知识对子公司绩效的影响起互补性作用，从而间接的影响子公司绩效。

7.3　研究结果的实践启示

本书通过实证研究验证了横向整合战略（全国一体化与地方化）、市场分割与管理模式的影响关系与作用机理，获得了一系列重要的研究结论，不仅可以为企业的管理实践提供有益的理论指导，也对政府的政策制定提供了一些有益的启示。

（一）对企业管理实践的启示

经济全球化给我国内向型企业和外向型企业带来了严酷的冲击与挑战。在国内市场上，中国内向型企业正处于难以抵御跨国公司的挤压和购并、生存空间越来越小的弱势地位；在国际市场，中国外向型企业表现出难以提升产品在国际市场的竞争力、竞争地位不断下降的劣势处境。在这种情况下，中国内向型企业和外向型都意识到了整合国内市场的重要性。然而，对国内市场的整合中国本土企业所表现出来的积极性和活跃度远远滞后于争相进入中国的跨国公司。这可能是由于中国市场分割性造成的整合国内市场面临一系列的制度制约和进入障碍。然而，面对中国市场分割性的影响，中国企业也表现出两种截然不同的态度，大部分中国企业采取消极应对态度，从而选择高度的投资本地化；一部分企业采取积极应对态度，试图通过高度的市场多元化，获得规模成本优势，再在规模成本优势的基础上去建立创新优势，从而以规模和成本两个方面的优势带动企业国际竞争力的提升。中国企业的实践表明，只有坚决和成功地实施对国内市场的横向整合战略，才有可能利用本国的国家特定优势发展出像通用汽车、通用电器和杜邦公司一样的具备国际竞争力的企业。本书的研究可以为企业突破市场分割的制约和限制对国内市场开展横向整合战略提供以下几个方面的启示。

第一，对于当前阶段的中国本土企业而言，对国内市场展开横向整合，无论是实施全国一体化战略还是地方化战略，都能够有效改善绩效，提升国际竞争力。

本研究的结论表明，当前阶段对中国市场开展横向整合战略的企业，无论是选择全国一体化战略还是地方化战略，对企业绩效的提升都起到积极促进作用。尽管当前阶段，中国市场分割性的存在提高了企业跨区域经营的难度，致使很多企业即使意识到整合国内市场的重要性，但仍然不敢展开针对国内市场的"走出去"战略，只能在当地选择高度的行业多元化，以满足企业发展的需要。然而从长远来看，企业集中于一个地区展开高度的行业多元化是无法满足企业规模扩张的需要的，且高度行业多元化削弱了企业的核心竞争力，使企业资源过于分散，并增加了经营风险。而随着本地市场的饱和，这一类型的企业最终还是要选择通过整合国内市场，来获得竞争力的提升。于是，我们可以肯定地认为，企业越早对国内市场进行基于主业的横向整合，越有利于其占领国内市场，抢占整合国内市场的"先机"。因此，在当前阶段，中国本土企业应该积极地通过全国一体化或地方化开展横向整合战略，改善企业绩效，获得竞争优势。

第二，企业在横向整合国内市场的过程中，企业管理者应该清醒地意识到市场分割对不同横向整合战略选择与绩效关系的影响不同。选择进入区域的制度环境与总部所在地的制度环境差异性越小，越适合采用全国一体化战略，更有助于绩效提升；制度环境差异越大，越适合采用地方化战略，更有助于绩效提升。

尽管现有研究关于中国的市场分割对企业战略及绩效的影响大致可以分为两类：一是市场分割性对企业战略实施的积极影响。譬如，宋渊洋、李元旭（2013）指出市场分割在一定程度上使得企业具备了制度套利的可能性，基于这种考虑，市场分割对企业产品的市场绩效有正向促进作用。二是市场分割对企业战略实施的消极影响，譬如，廖开容、陈爽音（2011）研究认为，政府管制对民营企业研发投入有消极影响。张敏（2013）认为政府干预程度对上市公司的短期债务期限水平具有显著消极影响。

本研究对市场分割性的理解主要倾向于，政府对企业战略选择及战略实施干预的消极影响。这主要是因为，从长期来看，制度套利所带来的优势是不持久的，且具有较大的不确定性，可能会随着国家宏观政策的调整，或者政府领导班子换届，而不再享有原有的优惠政策承诺。因此，对于实施横向整合战略的企业而言，企业管理者们应该清醒地意识到市场分割性有可能带来的消极影响，一方面，在横向整合的过程中，若企业选择进入区域与总部所在区域的制度环境差异较小，那么企业所受到的市场分割的消极影响较小，选择一体化战略更有助于绩效提升；反之，则选择地方化战略以减少市场分割的消极影响。另一方面，从整合国内市场的发展阶段来看，在整合国内市场的早期，可以通过优先进入与企业总部所在省市场开放化水平相近的省份，以尽可能小地避免横向整合初期市场分割的消极影响。当企业在横向整合的过程中，通过多次尝试，积累相关的经验和能力后，再尝试进入制度距离比较大但对企业的全国布局又很重要的省份。

第三，在企业横向整合国内市场的过程中，以全国一体化战略为导向的企业在管理模式的选择上应该强调对跨区域分支机构采取高度集权、主观绩效评价以及与总部挂钩的显性激励；以地方化战略为导向的企业在管理模式的选择上应该强调对跨区域分支机构采取高度分权、客观绩效评价、与分部挂钩的显性激励以及加强隐性激励刺激。

本研究的实证结论表明，企业在对国内市场开展横向整合的过程中，若企业更看重整合效益，选择全国一体化战略，此时，在管理模式的配套上应该注意：对跨区域分支机构的集权程度较高，对跨区域分支机构的绩效考核较多地使用主观评价或提高主观绩效评价的权重，对跨区域分支机构的高管较多地使用与总部挂钩的显性激励，譬如，给予分部高管集团股份，或者根据集团整体绩效来决定分部高管的奖金。此时，没有必要给予分部高管在职消费等隐性激励。若企业更看重地方响应能力，选择地方化战略，那么在管理模式的配套上应该注意：对跨区域分支机构的集权程度较低，对跨区域分支机构的绩效考核较多地使用客观评价或提高客观绩效评价的权重，对跨区域分支机构高管较多的采取与分部挂钩的显性激励，譬如，给予分部高管子公司股份，或者根据分支机构的绩效来决定高管的奖金。此时，隐性激励对于区域分支机构高管的作用显著，集团总部需要赋予分部高管较多的在职消费或者晋升机会等。

（二）对政府政策制定的启示

本书的研究结论表明，市场分割对企业横向整合战略的成功实施具有消极影响作用，这在一定程度上说明，当前阶段中国各区域政府对市场的干预程度整体还处于比较高的水平，为企业整合国内市场带来了较大的阻力和制约。因此，需要各区域政府逐渐放开对产业政策、经济资源、生产要素的过度把控，对区域经济的过度保护。同时，本书的研究结论也从侧面证实，对于企业获得和维持竞争优势而言，以政府为主体的宏观层次的制度竞争与以企业为主体的微观层次的公司治理竞争同样重要。好的制度环境有助于企业提升竞争优势。对于我国政策制定的启示是，通过加强对地方政府权力的监督及地方保护主义的时候仲裁和惩罚机制，完善法律体系建设，限制政府对经济活动的直接参与等措施，削弱地方政府干预市场的能力，从而减少国内与国外市场的制度落差以及减少国内各地区之间的制度落差。鼓励我国企业通过整合国内市场，建立母国优势，从而为企业未来在国际市场的议价能力建立良好铺垫。

7.4　本章小结

本章首先对研究假设的检验结果进行了总结，在本书所提的 8 组 14 个假设中，有 10 个假设获得支持，另外 4 个假设未获得支持。接着，我们结合国内外已有的理论研究成果和中国目前的实际情况，对所得到的假设检验结果进行了深入的剖析。最后，在此基础上提出了本研究的实践启示。

结　论

　　面对经济全球化所带来的竞争格局的变化以及中国市场分割性的制约，中国本土企业急需通过整合国内市场，做强主业，提升国内市场竞争力，实现从"做大做强"到"做强做大"的转变。针对中国少数世界级企业（譬如中集集团）的案例研究表明，实现这个目的的最佳途径就是实施横向整合战略提升企业在其主业上的国内市场占有率，进一步从成本和创新两方面构建国际竞争力。于是，横向整合战略就成了在经济全球化和市场分割性的双重背景下中国企业的重要成长战略，受到了国内外学者的广泛关注。然而，在中国当前的市场条件下，究竟哪种横向整合战略更适合中国企业成长，或者说在什么样的内外部条件下，选择什么样的横向整合战略，更能够促进企业绩效？这些问题成为理论界和实务界高度关注并亟待解决的问题。市场分割性的存在，促使企业在国内市场整合所面临的难度甚至不亚于国际市场整合，也为我们引入国际化理论与 IR 模型来研究中国企业横向整合国内市场所面临的一体化 — 地方化战略选择提供了较好的嵌入情境。

　　纵观现有研究，一方面，有关一体化 — 地方化战略（IR）选择的研究大多是以西方发达国家背景下的跨国公司在全球市场的整合行为，而缺乏对新兴经济国家情境的解释。另一方面，IR 框架依旧无法解释整合战略选择与跨区域经营成败之间的关系，理论界迫切需要对这一难题做出回答。其次，当前学者们对一体化战略、地方化战略与企业绩效的实证研究相对较少，且研究结论争议较大，这可能是由于没有考虑企业内外部环境的影响因素造成的。因此，本书借鉴国内外学者的研究成果，结合中国企业的具体情境和实践摸索，基于制度基础观与资源基础观，将环境层面和组织层面的影响因素整合起来，探讨在中国市场分割性的情境下，横向整合战略选择（一体化 — 地方化）对企业绩效的影响关系与作用机理，具体提出了以下问题：（1）在中国企业实施横向整合战略的过程中，企业对一体化与地方化这两方面压力的回应分别对企业绩效起着怎样的影响作用？（2）中国企业开展横向整合的过程中，市场分割对横向整合战略选择与企业绩效之间的关系起着怎样的影响作用（调节作用）？（3）企业的管理模式对横向整合战略选择与企业绩效之间的关系起着怎样的影响作用（调节作用）？

一、本研究的主要发现

为了回答上述三个问题，本研究以 129 家基于主业在省外设立分支机构（分公司、子公司等）的企业为研究对象，通过问卷调查获得了相应的数据资料，运用多元回归的分析方法，本书得出以下几个结论：

第一，中国企业在对国内市场开展横向整合的过程中，无论是实施一体化战略还是地方化战略，对企业绩效都起到正面影响。即在横向整合的过程中，企业的全国一体化程度越高，绩效越好；地方化程度越高，绩效越好。

第二，管理模式对横向整合战略选择与企业绩效关系的调节作用显著，具体表现为：横向整合企业对跨区域分支机构的集权程度对全国一体化战略与绩效之间的关系起到正向调节作用，对地方化战略与绩效之间的关系起到负向调节作用；当横向整合企业对跨区域分支机构采取客观绩效评价的倾向性较高时，地方化战略与绩效的关系被强化；当横向整合企业对跨区域分支机构采取主观绩效评价的倾向性较高时，全国一体化战略与绩效的关系被强化；横向整合企业对跨区域分支机构高管采取与总部挂钩的显性激励对全国一体化程度与绩效之间的关系起到显著正向调节作用，采取与分部挂钩的显性激励对地方化战略与绩效之间的关系起到显著正向调节作用；横向整合企业对跨区域分支机构高管的隐性激励对全国一体化与绩效之间关系的调节作用不显著，但对地方化战略与绩效之间的关系起到显著正向调节作用。

第三，制度距离对全国一体化战略与绩效之间的关系起到负向调节作用，对地方化战略与绩效之间的关系起的调节作用不显著。即当企业总部制度环境与所进入区域的制度环境差异较大时，全国一体化战略对绩效的影响被弱化，而地方化战略的绩效产出不受影响。

此外，从控制变量的影响来看，企业所处的行业类型对横向整合绩效有负向影响，并通过了显著性检验，即与非制造业相比，制造业企业对国内市场展开横向整合的绩效更好。企业总部所在地的制度环境对横向整合绩效有负向影响，并通过了显著性检验，即企业总部所在地的市场开放化水平越高，对国内市场展开横向整合的绩效反而越差。

二、本研究的创新点和贡献

本研究聚焦于横向整合战略（一体化与地方化）对于企业绩效的影响，并探索了中国市场分割这一制度情境以及管理模式（集权程度、绩效评估、高管激励）这一组织情境的权变效应，所得结论有着以下三个重要的创新点。

第一，理论创新：搭建制度情境与组织情境下的横向整合战略对企业绩效的影响作用框架，贡献于横向整合战略文献。

首先，现有关于横向整合战略的研究重点聚焦于产业整合而忽视了企业微观层次（参考文献）。本研究正是从这一角度出发，具体回应国内一体化压力和地方化压力，提出横向整合战略的两个维度（一体化战略与地方化战略），并重点探究了一体化战略与地方化战略对于绩效影响的不同机制以及二者的协同作用，深化了现有横向整合战略的研究。其次，现有战略管理研究文献乃至管理学的文献都在呼吁情境化（崔，2006），期望更多关注新兴经济体背景下的企业战略与行为（霍斯金森，赖特，斐乐图特，彭，2013）。本研究正是基于这一出发点，重点讨论了中国市场分割这一特殊制度情境对于横向整合战略和企业绩效之间的关系，划定了横向整合战略的制度情境边界。最后，企业战略选择及绩效必然受到组织情境的影响（罗，2002；范特斯蒂德等，2006），本研究从管理模式这一角度出发，探究了横向整合战略与企业绩效之间关系的组织情境。结合以上三点，本研究搭建了一个制度情境与组织情境下的横向整合战略对企业绩效的影响作用框架，为横向整合战略研究提供了一个坚实的基础。

第二，研究情境创新：关注中国市场分割这一重要的制度情境，以及管理模式这一重要的组织情境，提出制度距离和管理模式各维度对于战略选择及绩效的影响，贡献于制度基础观与权变理论。

首先，新兴经济体国家的企业在进行战略抉择的过程中需要特别考虑制度情境的影响，但是现有研究往往缺乏对其深入的考察（梅耶尔等，2008，2009；石，孙，彭，2012）。本研究基于制度基础观（彭，2003），从制度距离这一角度切入，特别关注了转型中国市场分割这一特殊制度情境，并深入讨论了这一情境对于企业横向整合战略与企业绩效之间关系的影响机制，对于制度基础观视角下转型经济体企业战略抉择的文献有着重要的贡献。其次，权变理论提出战略与组织之间的匹配是企业绩效的关键（霍尔·陈，2003；费希尔，1995；朗菲尔德—史密斯，1997）。本研究基于这一基本逻辑，探究了集权程度、绩效评估、高管激励这三个组织层面的关键概念对于企业实施横向整合战略的权变影响机制，对于权变理论视角下组织与战略之间匹配的文献有着重要的贡献。结合以上两点，本研究关注中国市场分割这一重要的制度情境，以及管理模式这一重要的组织情境，提出制度距离和管理模式各维度对于战略选择及绩效的影响，贡献于制度基础观理论与权变理论。

第三，研究方法创新：提出横向整合战略、管理模式等核心构念的操作定义与测量，为未来进一步研究提供了坚实的基础。

首先，现有研究关于横向整合战略更多地聚焦于产业层面，本研究引入跨国公司整合国际市场的战略选择框架（IR模型）来解释中国企业横向整合国内市场所面临的两种不同的战略选择：全国一体化与地方化，并提出了具有良好效度的测量指标，为未来进一步进行企业层面横向整合战略研究打下一定的基础。其次，目前针对中国企业横向整合管理模式的研究对管理模式的定义、维度界定都还处于概念的摸索阶段，迫切需要进一步实证研究的检验和支持。本研究整合了控制理论视角和委托代理理论视角，对管理模式的具体研究内容从集权、绩效评价和激励三个维度展开，对横向整合过程的管理模式的研究进行了更系统的梳理和探讨。为未来国内学者对管理模式的研究借鉴跨国公司对东道国子公司的管理模式具有探索意义，也为下一步国内学者展开管理模式的相关实证研究奠定了基础。

三、研究局限性与未来研究方向

本研究虽然取得了一些基于中国情境的研究成果，但仍然存在一些局限性和不足，这也是未来本研究需要努力的方向。

第一，本研究在考虑横向整合绩效的影响因素上，主要考虑了资源基础观视角的管理模式与制度基础观视角的制度因素的影响作用，缺乏对行业基础观层面的影响因素的整合。已有的研究对行业的全球化潜力对国际化战略选择与绩效关系的影响作用进行了丰富的讨论。未来可以考虑整合产业基础观、资源基础观与制度基础观视角综合考虑对横向整合绩效的影响。

第二，本研究分别考察了制度距离与管理模式对横向整合战略选择与绩效关系的调节作用，而缺乏制度距离对中国企业管理模式选择的影响作用。企业基于主业跨区域过程中所面临的制度环境差异，不仅仅对横向整合战略选择与绩效之间的关系存在调节作用，同时也对企业横向整合管理模式的选择产生影响作用。未来，可以对这方面展开进一步的深入研究。

第三，对管理模式的维度选择上，本研究只选了集权程度、绩效评价方式与激励这三个维度，实际上，国内学者关于管理模式的维度划分展开了丰富的讨论，管理模式的其他维度对横向整合战略与绩效的影响作用还有待于进一步研究。且由于本研究采用的是问卷调查的方式，对区域分支机构高管采取的绩效评价方式与激励的测量，是一种主观程度上的感知，未来可能需要借助二手数据，采用客观数据进行研究。

第四，从研究方法和数据收集来看，本研究也存在以下不足有待进一步完善：在对控制变量"行业类型"的处理上，本书只是简单地区分了制造业与非制造业，与研究的关联性和针对性不强。国际上已有学者根据行业的全球化潜力来对行业进行区分，未来，在研究中可以考虑针对中国企业的全国整合潜力对行业进行区分。另外，本研究主要采用问卷调查的方式展开研究，由于研究涉及了企业整体的对国内市场整合的状况，及相应的跨省经营情况，要求受访者对企业整体运营和跨省经营情况都比较了解，于是限制了受访者只能是企业高层管理者，数据收集十分困难，样本数量过少。未来，可以考虑结合"深度访谈"选择国内几个实施横向整合战略的代表企业进行多案例比较分析，或许可以挖掘出更多有意义的信息，尤其是对管理模式的维度这一块的内容。

参考文献

[1][美]迈克尔·波特.竞争战略[M].乔东,等译.北京:对外贸易教育出版社,1993.

[2]李维安.公司治理教程[M].上海人民出版社,2002.

[3]席酉民,梁磊,王洪涛.企业集团发展模式与运行机制比较[M].北京:机械工业出版社,2003.

[4]李怀组.管理研究方法论[M].西安:西安交通大学出版社,2004.

[5][韩]刘郎道.综合绩效管理革命[M].卢珍,译.北京:新华出版社,2004.

[6][英]马歇尔.经济学原理(下)[M].陈良璧,译.北京:商务印书馆,2005.

[7]臧旭恒,徐向艺,杨蕙馨.产业经济学:第三版[M].北京:经济科学出版社,2005.

[8]卢纹岱.SPSS for Windows 统计分析:第三版[M].北京:电子工业出版社,2006.

[9]白万纲.卓越集团管控系列[M].北京:北京高教音像出版社,2009.

[10]刘剑民.母子公司财务控制的适度性研究[M].北京:经济科学出版社,2009.

[11]郭咸纲.西方管理思想史[M].北京:世界图书出版公司北京公司,2010.

[12]吴名隆.问卷统计分析实务——SPSS 操作与应用[M].重庆:重庆大学出版社,2010.

[13]沈立人,戴园晨.我国"诸侯经济"的形成及其弊端和根源[J].经济研究,1990(3):12-20.

[14]葛晨,徐金发.母子公司管理与控制模式——北大方正集团、中国华诚集团等管理与控制模式案例评析[J].管理世界,1999(6):190-196.

[15]骆品亮.主观绩效评价与客观绩效评价的优化组合[J].系统工程学报,2001,16(2):100-105.

[16]银温泉,才婉茹.我国地方市场分割的成因和治理[J].经济研究,2001(6):3-12.

[17]聂子龙.工业时代的管理模式及演变[J].兰州学刊,2002(1):16.

[18]周业安,赵晓男.地方政府竞争模式研究——构建地方政府间凉性竞争秩序的理论和政策分析[J].管理世界,2002(12):52-61.

[19] 郑毓盛，李崇高．中国地方分割的效率损失 [J]．中国社会科学，2003（1）：64-73．

[20] 左庆乐．企业集团母子公司管理模式与管理控制 [J]．云南财贸学院学报，2003，17(5): 59-61．

[21] 于增彪，张双才．企业集团业绩评价系统设计 [J]．新理财，2004(2): 20-27．

[22] 叶川灿．从管理理论演进看企业管理模式创新趋势 [J]．中国人民大学学报，2004（2）：130-135．

[23] 白重恩，杜颖娟，陶志刚，仝月婷．地方保护主义及产业地区集中度的决定因素和变动趋势 [J]．经济研究，2004（4）：29-40．

[24] 路铭，陈钊，杨冀．收益递增、发展战略与区域经济的分割 [J]．经济研究，2004(1): 54-63．

[25] 李善同，侯永志，刘云中，陈波．中国国内地方保护问题的调查与分析 [J]．经济研究，2004(11): 78-84．

[26] 吕源，姚俊，蓝海林．企业集团的理论综述与探讨 [J]．南开管理评论，2005，8(4): 39-43．

[27] 赵孟营．组织合法性：在组织理性与事实的社会组织之间 [J]．北京师范大学学报，2005（2）：119-125．

[28] 毛蕴诗，汪建成．日本在华跨国公司基于竞争优势的全球战略研究 [J]．中国软科学，2005（3）：89-98．

[29] 王钦，张云峰．大型企业集团管控模式比较与总部权力配置 [J]．甘肃社会科学，2005(3): 213-215．

[30] 朱希伟，金祥荣，罗德明．国内市场分割与中国的出口贸易扩张 [J]．经济研究，2005(12): 68-76．

[31] 徐现祥，李郇．市场一体化与区域协调发展 [J]．经济研究，2005，12: 57-67．

[32] 钱颜文，孙林岩．论管理理论和管理模式的演进 [J]．管理工程学报，2005，19(2): 12-17．

[33] 吴向鹏．分工、市场分割与统一市场建设 [J]．重庆邮电学院学报（社会科学版），2006（1）：38-41．

[34] 芮明杰，刘明宇．产业链整合理论述评 [J]．产业经济研究，2006(3): 60-66．

[35] 潘飞，石美娟，童卫华．高级管理人员激励契约研究 [J]．中国工业经济，2006（3）：68-74．

[36] 卢启程.企业管理模式的理论与发展研究 [J].时代经贸，2006(45): 71-73.

[37] 国务院发展研究中心"中心统一市场建设"课题组.中国国内地方保护的调查报告——基于企业抽样调查的分析 [J].经济研究参考，2004(6): 2-18.

[38] 潘镇.制度质量、制度距离与双边贸易 [J].中国工业经济，2006（7）: 45-52.

[39] 陈敏，桂琦寒，陆铭，陈钊.中国经济增长如何持续发挥规模效应？——经济开放与国内商品市场分割的实证研究 [J].经济学（季刊），2007(1): 125-150.

[40] 刘凤委，于旭辉，李琳.地方保护能提升公司绩效吗——来自上市公司的经验证据 [J].中国工业经济，2007(4): 21-28.

[41] 邢向阳.企业集团子公司业绩评价研究 [J].内蒙古农业大学学报，2007(5): 119-121.

[42] 朱红军，喻立勇，汪辉."泛家族化"，还是"家长制"？——基于雅戈尔和茉织华案例的中国民营企业管理模式选择与经济后果分析 [J].管理世界，2007（2）: 107-119.

[43] 刘瑞明.晋升激励、产业同构与地方保护: 一个基于政治控制权收益的解释 [J].南方经济，2007（6）: 61-72.

[44] 陆铭，陈钊，杨真真.平等与成长携手并进——收益递增、策略性行为和分工的效率损失 [J].经济学（季刊），2007, 6(2): 443-468.

[45] 皮建才.中国地方政府间竞争下的区域市场整合 [J].经济研究，2008, 3: 115-124.

[46] 刘刚，李峰.跨国公司在华竞争战略演变驱动力及实现路径 [J].中国工业经济，2008（6）: 99-107.

[47] 杨洵.同质竞争下产业链横向整合的经济绩效分析 [J].科技管理研究，2008（9）: 99-101.

[48] 卢锐，魏明海，黎文婧.管理层权力、在职消费与产权效率: 来自中国上市公司的数据 [J].南开管理评论，2008, 11(5): 85-92..

[49] 汪建成.中国企业跨省、跨国扩张战略对绩效的影响——基于A股上市公司的实证研究 [J].管理评论，2008, 20(3): 39-46.

[50] 赵奇伟，熊性美.中国三大市场分割程度的比较分析: 时间走势与区域差异 [J].世界经济，2009(6): 41-53.

[51] 高晨，汤谷良.主观业绩评价、高管激励与制度效果——基于我国企业高管评价的多案例研究 [J].中国工业经济，2009（4）: 147-156.

[52] 李京勋，鱼文英.海外子公司内外部网络的知识获取对企业绩效的影响研究 [J].南开管理评论，2009，12(1): 153-158.

[53] 毛蕴诗，汪建成.在华跨国公司战略选择与经营策略问题研究 [J].管理科学学报，2009，12(2): 117-125.

[54] 相里六续.制度企业家在可再生能源产业发展中的作用探析 [J].西安交通大学学报（社会科学版），2009，29(2): 18-23.

[55] 马光荣，杨恩艳，周敏倩.财政分权、地方保护与中国的地区专业化 [J].南方经济，2010 (1)：15-27.

[56] 黄伟亚.价值增值视角下企业集团财务战略运行探析 [J].财会通讯，2010(2): 82-83.

[57] 张松林.经济开放与区域市场分割形成的内在机制研究——兼论中国区域市场分割的成因 [J].学习与实践，2010 (2)：19-25.

[58] 刘冰.煤电纵向交易关系：决定因素与选择逻辑 [J].中国工业经济，2010 (4)：58-68.

[59] 中国企业家调查系统.中国企业战略：现状、问题及建议——2010 年中国企业经营者成长与发展专题调查报告 [J].管理世界，2010 (6)：83-97.

[60] 宋铁波，蓝海林，曾萍.区域多元化还是产品多元化：制度环境约束下优势企业的战略选择 [J].广州大学学报（社会科学版），2010，9(3): 45-52.

[61] 宋铁波，陈国庆.企业跨区域扩张动机与进入方式选择——基于合法性的视角 [J].学术研究，2010 (10)：55-62.

[62] 陈冬华，梁上坤，蒋德权.不同市场化进程下高管激励契约的成本与选择：货币薪酬与在职消费 [J].会计研究，2010 (11)：56-65.

[63] 刘燕，赵曙明.全球整合—当地响应范式应用研究回顾与展望 [J].外国经济与管理，2010，32(9): 16-22.

[64] 蓝海林，李铁瑛，黄嫚丽.中国经济改革的下一个目标：做强企业与统一市场 [J].经济学家，2011 (1)：99-101.

[65] 张会丽，吴有红.企业集团财务资源配置、集中程度与经营绩效——基于现金在上市公司及其整体子公司间分布的研究 [J].管理世界，2011 (2)：100-108.

[66] 蓝海林，皮圣雷.经济全球化与市场分割性双重条件下中国企业战略选择研究 [J].管理学报，2011，8(8): 1107-1114.

[67] 吴晓云，陈怀超.基于制度距离的跨国公司知识转移研究 [J].经济问题探索，2011（9）：17-23.

[68] 李怀，王冬，吕延方.我国产业整合趋势、机理及其绩效分析 [J].宏观经济研究，2011（10）：27-39.

[69] 廖开荣，陈爽英.制度环境对民营企业研发投入影响的实证研究 [J].科学学研究，2011，29(9):1342-1348.

[70] 行伟波，李善同.地方保护主义与中国省际贸易 [J].南方经济，2012（1）：58-70.

[71] 王谦，赵静.基于制度视角的国际化程度与企业经营绩效之间关系实证研究综述 [J].经济论坛，2012（5）：137-141.

[72] 冯根福，赵珏航.管理者薪酬、在职消费与公司绩效——基于合作博弈的分析视角 [J].中国工业经济，2012，6(6): 147-158.

[73] 宋旭琴.市场分散性对我国企业横向拓展的影响 [J].企业经济，2012（7）：20-23.

[74] 叶广宇，蓝海林，李铁瑛.中国企业横向整合管理模式研究及其理论模型 [J].管理学报，2012，9(4): 499-505.

[75] 毛蕴诗，温思雅.跨国公司在华战略演变研究——基于组织二元性和"市场在中国"的视角 [J].国际经贸探索，2012，28(9): 86-96.

[76] 宋渊洋，单蒙蒙.市场分割、企业经营效率与出口增长 [J].上海经济研究，2013（4）：39-49.

[77] 叶广宇，黄晓洁.企业制度地位的区域差异、认知与横向整合管理模式 [J].管理学报，2013，10(9): 1291-1300.

[78] 董瀛飞，张倩肖.进入规制、产业横向整合与产业发展——基于中国光伏多晶硅产业的模拟解释 [J].中国科技论坛，2013，10(10): 74-80.

[79] 谢佩洪，马卫民，徐波.基于制度战略观与合法性视角的企业非市场——市场战略整合研究 [J].管理学家（学术版），2013(04): 43-56.

[80] 叶广宇，刘美珍.制度地位与企业横向整合管理模式多案例研究 [J].管理学报，2013，10(4): 494-501.

[81] 雷新途，熊德平.区域制度环境、上市公司聚集与绩效 [J].经济地理，2013，33(1): 41-45.

[82] 宋渊洋，李元旭.制度环境多样性、跨地区经营经验与服务企业产品市场绩效——来自中国证券业的经验证据 [J].南开管理评论，2013，16(1): 70-82.

[83] 于晓宇. 网络能力、技术能力、制度环境与国际创业绩效 [J]. 管理科学，2013，26(2): 13-27.

[84] 蓝海林. 中国企业战略行为的解释：一个整合情境—企业特征的概念框架 [J]. 管理学报，2014，11(4): 653-658.

[85] 宋铁波，周娴. 区域多元化企业分支机构核心能力培养方式——基于合法性视角的理论模型 [J] 华南理工大学学报 (社会科学版).2014，16(3): 42-49.

[86] 蓝海林. 以国际思维谋区域营销——应对高度分割的国内市场 [J]. 北大商业评论，2014，119: 110-116.

[87] 蓝海林. 以国际思维谋区域营销——应对高度分割的国内市场 [J]. 北大商业评论，2016（6）: 110-116.

[88] 张三保，张志学，秦昕. 中国地区市场分割、高管权力配置与企业地域多元化 [C]. 第八届 (2013) 中国管理学年会——组织与战略分会场, 社会科学 I 辑, 上海 ,2013: 713-729.

[89] 余明助，秦兆玮. 台商海外子公司控制机制与绩效关系之研究——以代理理论和资源互赖之观点 [C]. 第二届两岸产业发展与经营管理学会研讨会，2002.

[90] 周碧华，林峰. 基于委托代理理论的跨国公司海外子公司激励机制研究 [C]. 信息经济学与电子商务：第十三届中国信息经济学会学术年会论文集，2008.

[91] 赫秀华. 管理控制偏好内部一致性实证研究——来自新疆回族自治州的数据 [C]. 中国会计学会 2011 学术年会论文集，2011.7.

[92] 蓝海林，熊小果. 市场分割条件下国内市场开发与整合：基于国际化战略的视角 [C].2014 年"管理学在中国"会议，2014.

[93] 李众. 企业管理模式研究——上海西门子移动通信有限公司的管理模式探讨 [D]. 武汉：武汉大学硕士学位论文，2003.

[94] 李昇. 中国的地区分割性：成因与对策 [D]. 北京：中国人民大学硕士学位论文，2005.

[95] 周娜. 跨国公司在华品牌本土化发展战略研究 [D]. 济南：山东大学硕士学位论文，2006.

[96] 卓薇. 第三方物流产业的市场结构分析与整合模式研究 [D]. 厦门：厦门大学硕士学位论文 .2007.

[97] 安中涛. 企业集团内部绩效评价模式的构建研究 [D]. 天津：天津大学博士学位论文，2007.

[98] 王爱国. 高技术企业战略管理模式的创新研究 [D]. 天津：天津大学博士学位论文，2006.

[99] 黄宇驰. 基于资源基础观的区域市场进入模式选择研究 [D]. 杭州：浙江大学博士论文，2007.

[100] 戴晃. 母子公司战略绩效管理研究 [D]. 济南：山东大学硕士学位论文，2008.

[101] 陶凤鸣. 东道国员工选拔、激励方式及其对知识流动的影响研究——跨国公司在华子公司实证分析 [D]. 重庆：重庆大学博士学位论文，2008.

[102] 宋全敬. 在华跨国公司的本土化程度问题研究 [D]. 济南：山东大学硕士学位论文，2008.

[103] 杨馥霞. 子公司经营者薪酬激励机制的构建及实证研究 [D]. 天津：天津大学硕士学位论文，2008.

[104] 李彬. 合作网络视角下母子公司业绩评价研究 [D]. 济南：山东大学博士学位论文，2010.

[105] 郭新兴. 产业整合的影响因素研究 [D]. 北京：北京交通大学硕士学位论文，2010.

[106] 王文秀. 我国地区市场分割成因与福利分析 [D]. 济南：山东大学硕士学位论文，2010.

[107] 叶阿次. 在华跨国公司全球一体化与本土化战略的决定因素及其对绩效的影响 [D]. 上海：复旦大学博士学位论文，2010.

[108] 胡雅静. 企业横向拓展战略行为的研究：中国啤酒行业的案例研究 [D]. 广州：华南理工大学硕士学位论文，2011.

[109] 李铁瑛. 中国企业横向整合管理模式选择研究 [D]. 广州：华南理工大学博士学位论文，2011.

[110] 李宾. 跨国公司在华研发本土化对中国技术进步的影响分析 [D]. 南昌：江西财经大学硕士学位论文，2011.

[111] 乔金晶. 横向整合企业总部价值创造：基于市场分割的研究 [D]. 广州：华南理工大学硕士学位论文，2011.

[112] 莫靖华. 隶属关系、合法性基础及国有企业整合战略 [D]. 广州：华南理工大学硕士学位论文，2012.

[113] 苏水清. 横向整合企业的供应链运营模式、行业驱动力与企业绩效研究 [D]. 广州：华南理工大学硕士学位论文，2012.

[114] 任伟林 . 国有企业集团母子公司管控模式研究 [D]. 武汉：武汉理工大学博士学位论文，2012.

[115] 张存岭 . 当地化战略与企业横向整合管理模式 [D]. 广州：华南理工大学硕士学位论文，2012.

[116] 赵汉成 . 全国化战略与企业横向整合管理模式 [D]. 广州：华南理工大学硕士学位论文，2012.

[117] 皮圣雷 . 转型期中国横向整合企业动态竞争及其与管理模式的关系研究 [D]. 广州：华南理工大学博士学位论文，2013.

[118] 陈仲利 . 股权激励、在职消费与企业绩效 [D]. 石河子市：石河子大学硕士学位论文，2013.

[119] 皮圣雷 . 转型期中国横向整合企业动态竞争及其与管理模式的关系研究 [D]. 广州：华南理工大学博士学位论文，2013.

[120] 秦令华 . 转型经济环境下中国私营企业的战略选择和组织绩效研究 [D]. 成都：电子科技大学博士学位论文，2013.

[121] 袁重生 . 基于子公司视角的央企集团管控模式选择研究 [D]. 北京：首都经济贸易大学博士学位论文，2014.

[122] 王永健 . 企业能力、管理者认知与地域多元化：中国市场分割条件下的实证研究 [D]. 广州：华南理工大学博士学位论文，2014.

[123] 金伦希 . 在华中小韩资企业的本土化影响因素及绩效实证研究 [D]. 上海：复旦大学博士学位论文，2010.

[124] 马格利特·玛斯特曼 . 范式的本质——批评与知识的增长 [C]. 北京：华夏出版社，1987: 88-90.

[125]Nourse E.G., Horace B.Drury.Industrial Price Policies and Economic Progress[M].1938: 76-79.

[126]Galbraith J.Designing complex organizations[M].Reading, MA:Addison-Wesley, 1973.

[127]Weick K.E.The social psychology of organizing[M].Reading, MA:Addison-Wesley, 1979:28-29.

[128]Rugman A.M.Inside the multinationals[M]. London:Croom Helm, 1981.

[129]Williamson Oliver E.The economic institutions of capitalism[M]. New York:Free Press, 1985.

[130]Prahalad C.K., Yves L.Doz.The multinational mission:Balancing local demands and global vision[M]. New York:Free Press, 1987.

[131]Bartlett C.A., Ghoshal S.Managing Across Borders:The Transnational Solution[M]. Boston: Harvard Business School Press, 1989.

[132]Porter M.E.The competitive advantage of nations[M]. New York:Free Press, 1990.

[133]Prendergast C., Topel R.Subjective performance evaluation [M]. Chicago: University of Chicago, 1992.

[134]Jensen M.C., W.H. Meckling. Specific and General Knowledge and Organizational Structure, Contract Economics[M]. Basil Blackwell, Oxford, 1992: 251-274.

[135]Dunning J.H.Multinational enterprise and the global economy[M]. Workingham, UK:Addison-Wesley, 1993.

[136]Kuhn, Thomas S.The structure of revolutions3rd ed[M]. America:The university of Chicago Press, 1996.

[137]Nohria N., Ghoshal S. The Differentiated Network: Organizing Multinational Enterprises for Value Creation[M]. San Francisco: Jossey-Bass Publishers, 1997.

[138]Simon H.A.Administrative Behavior: A Study of Decision-Making Process in Administrative Organizations[M]. New York: The Free Press, 1997.

[139]Hitt M. A., Ireland R. D., Hoskisson R. E. Strategic Management:Competitiveness and Globalisation[M]. Thomson Learning-South-Western College Publishing, Mason, OH.2001.

[140]Gerhart B, Rynes S.L.Compensation:Theory, Evidence, and Strategic Implications[M]. Sage:Thousand Oaks, CA. 2003.

[141]Milkovich G.T, Newman J.Compensation (8th edn)[M]. McGraw-Hill:New York. 2005.

[142]Galbraith J.R.Organization Design:An Information Processing View[J].Interfaces, 1974, 4(3): 28-36.

[143]Gordon L.A., Miller D.A contingency framework for the design of accounting information systems[J].Accounting, Organization and Society, 1976, 1(1): 59-69.

[144]Ouchi W.C.A relationship between organization structure and organization control[J]. Administrative Science Quarterly, 1977, 22(1): 95-113.

[145]Tushman M.L., Nadler D.A.Information Processing as an Integrating Concept in Organizational Design[J].Academy of Management Review, 1978, 3(3): 613-624.

[146]Bartlett C.A.Multinational Structure Change:Evolution Versus Reorganization, in Otterbec, L.(ed.), the Management of Headquarters-Subsidiary Relationship in Multinational Corporations[J].Aldershot, Hants.Gower, 1981: 121-145.

[147]Harris M., Kriebel C.H., Raviv R.Asymmetric Information, Incentives and Intrafirm Resource Allocation[J].Management Science, 1982（28）: 604-620.

[148]Hout T.M., Porter M.E., Rudden E.How global companies win out[J].Harvard Business Review, 1982, 60(5): 98-108.

[149]Miller D., Friesen P.H.Strategy-making and environment:The third link[J].Strategic Management Journal, 1983（4）: 221-235.

[150]DiMaggio P.J., Powell W.W.The iron cage revisited institutional isomorphism and collective rationality in organizational fields[J].American Sociological Review, 1983, 48(2): 147-160.

[151]Schuler R.S., MacMillan I.C.Gaining competitive advantage through human resource practices[J].Human Resource Management, 1984（23）: 241-255.

[152]Kogut B.Designing Global Strategies:Profiting from Operational Flexibility[J].Sloan Management Review, 1985, 21(1): 27-38.

[153]Jeffrey L.Kerr.Diversification strategies and managerial rewards:an empirical study[J].Academy of Management Journal, 1985, 28(1): 155-179.

[154]Leontiades J.Going Global-Global vs National Strategies[J].Long Range Planning, 1986, 19(6): 96-104.

[155]Gupta A.K., Govindarajan V.Decentralization, Strategy and Effectiveness of Strategic Business Units in Multibusiness Organizations[J].Academy of Management Review, 1986, 11(4): 844-856.

[156]Daft R.L., Lengel R.H.Organizational information requirements, media richness and structural design[J].Management Science, 1986, 32(5): 554-571.

[157]Ghoshal S.Global strategy:an organizing framework[J].Strategic Management Journal, 1987（8）: 425-440.

[158]Grant R.M.Multinationality and performance among British manufacturing companies[J].Journal of International Business Studies, 1987, 18(3): 79-89.

[159]Bartlett C.A., Ghoshal S.Managing across borders:New organizational responses[J].Sloan Management Review, 1987, 29(1): 43-53.

[160]Ghoshal S., Bartlett C.A.Creation, adoption, and diffusion of innovations by subsidiaries of multinational corporations[J].Journal of International Business Studies, 1988, 19(3): 365-388.

[161]Campbell D.J.Task Compexity:A Review and Analysis[J].Academy of Management Review, 1988(13): 40-52.

[162]Egelhoff W.G.Strategy and Structure in Multinational Corporations:A Revision of the Stopford and Wells Model[J].Strategic Management Journal, 1988 (9) : 1-14.

[163]Kim W.C., Hwang P., Burgers W.P.Global diversification strategy and corporate profit performance[J].Strategic Management Journal, 1989, 10(1): 45-57.

[164]Geringer J.M., Beamish P.W., daCosta R.C.Diversification strategy and interna tionalization:Implications for MNE performance[J]. Strategic Management Journal, 1989, 10(2): 109-119.

[165]Ghoshal S., Nohria N.Internal differentiation within multinational corporations[J]. Strategic Management Journal, 1989 (10) : 323-337.

[166]Dierickx I., Cool K.Asset Stock Accumulation and Competitive Advantage[J]. Management Science, 1989 (12) : 1504-1511.

[167]George S.Yip.Global Strategy···In a Word of Nations?[J].Sloan Management Review, 1989, 31(1): 29-41.

[168]Porter M.E.The competitive advantage of nations[J].Harvard Business Review, 1990 (3) : 73-93.

[169]Venkatraman N., Prescott J.E.Environment-strategy coalignment:An empirical test of its performance implications[J].Strategic Management Journal, 1990, 11(1): 1-23.

[170]Hunt J.W.Changing pattern of acquisition behavior in takeovers and consequences for acquisition processes[J].Strategic Management Journal, 1990, 11(1): 69-77.

[171]Jarillo J.C., J.I.Martinez.Different Roles for Subsidiaries:The Case of Multinational Corporations in Spain[J].Strategic Management Journal, 1990, 11(6): 501-512.

[172]Hill C.W., Wang P.H., Kim W.C.An Electric Theory of the Choice of International Entry Mode[J].Strategic Management Journal, 1990(11): 117-128.

[173]Kendall Roth，Allen J.Morrison.An Empirical Analysis of the Integation-Responsiveness Framework in Global Industries[J]. Journal of International Business Studies，1990，21(4): 541-564.

[174]Datta D.K.Organizational fit and acquisition performance:Effects of post—acquisition integration[J].Strategic Management Journal，1991，12(4): 281-297.

[175]Gupta A.K.，Govindarajan V.Knowledgeflows and the structure of control within multinational corporations[J].Academy of Management Review，1991，16(4): 768-792.

[176]George S.Yip，George A.Coundouriotis.Diagnosing global strategy potential: The World Chocolate Confectionery Industry[J]. Planning Review，1991，19(1): 4-14.

[177]Roth K.，Schweiger D.M.，Morrison A.J.Global Strategy Implementation at the Business Unit Level: Operational Capabilities and Administrative Mechanisms[J]. Journal of International Business Studies，1991，22(3): 369-402.

[178]Martinez Jon I.，Jarillo J.Carlos.Coordination Demands of International Strategies[J]. Journal of International Business Studies，1991，22(3): 429-444.

[179]Luis R.Gomez-Mejia.Structure and process of diversification，compensation strategy，and firm performance[J]. Strategic Management Journal，1992，13: 381-397.

[180]Tallman S.B.A Strategic Management Perspective on Host Country Structure of Multinational Enterprises[J]. Journal of Management，1992，18: 455-472.

[181]Sundaram A.K.，Black J.S.The environment and internal organization of multinational enterprises[J]. Academy of Management Review，1993，17(4): 729-757.

[182]Johansson J.K.，Yip G.S.Exploiting globalization potential:US and Japanese strategies[J]. Strategic Management Journal，1994，15(8): 579-601.

[183]Sullivan D.The "Threshold of internationalization":Replication，extension，and reinterpretation[J]. Management International Review，1994，34(2): 165-186.

[184]Baker G.，Gibbons R.，Murphy K.J.Subject performance measures in optimal incentive contacts[J]. The Quarterly Journal of Economics，1994，109(4): 1125-1156.

[185]Tasneem Chipty.Horizontal Organization for bargaining Power: Evidence From the Cable Television Industry[J]. Journal of Economics & Management Strategy，1995，4(2): 375-397.

[186]Birkinshaw J.，Morrison A.，Hulland J.Structural and competitive determinants of a global integration strategy[J]. Strategic Management Journal，1995，16(8): 637-655.

[187]Merchant K.A., Chow C.W., Wu A.Measurement, evaluation and reward of profit center managers:a cross-cultural field study[J]. Accounting, Organization and Society, 1995, 20(7): 619-638.

[188]Julius H.Johnson Jr.An Empirical Analysis of the Integration-Responsiveness Framework:U.S. Contruction Equipment Industry Firms in Global Competiton[J]. Journal of International Business Studies, 1995, 26(3): 621-635.

[189]Roth K.Managing international interdependence:CEO characteristics in a resource-based framework[J]. Academy of Management Journal, 1995, 38(1): 200-231.

[190]Bensaou M., Venkatraman N.Configurations of Interorganizational Relationships: A Comparison between U.S.and Japanese Automakers[J]. Management Science, 1995, 41(9): 1471-1492.

[191]Sambharya R.B.Foreign experience of top management teams and international diversification strategies of US multinational corporations[J]. Strategic Management Journal, 1996, 17(9): 739-746.

[192]Malnight T.W.The transition from decentralized to network-based MNC structures:An evolutionary perspective[J].Journal of International Business Studies, 1996, 27(1): 43-65.

[193]Tallman S., Li J.Effects of international diversity and product diversity on the performance of multinationalfirms[J].Academy of Management Journal, 1996, 39(1): 179-196.

[194]Erna Karrer-Rueedi.Adaptation to Change:Vertical and Horizontal Integration in the Drug Industry[J].European Management Journal, 1997, 15(4): 461-469.

[195]Kutschker M., Baurle I.Three plus one:Multidimensional strategy of internationalization[J].Management International Review, 1997, 37(2): 103-125.

[196]Hitt M.A., Hoskisson R.E., Kim H.International diversification:Effects of innovation and firm performance in product-diversified firms[J].Academy of Management Journal, 1997, 40(4): 767-798.

[197]David Keeble, Clive Lawson, Helen Lawton Smith, Barry Moore, Frank Wilkinson.Internationalisation Processes, Networking and Local Embeddedness in Technology-Intensive Small Firms[J].Small Business Economics, 1998 (11) : 327-342.

[198]Gibbons R.Incentives in organization[J].The Journal of Economic Perspectives, 1998, 12(4): 115-132.

[199]Taggart J.H.Strategy Shift in MNC Subsidiary[J].Strategic Management Journal, 1998, 19(7): 663-681.

[200]Birkinshaw J., Hood N.Multinational subsidiary evolution:Capability and charter change in foreign-owned subsidiary companies[J].The Academy of Management Review, 1998, 23(4): 773-795.

[201]Kobrin S.J.An empirical analysis of the determinants of global integration[J]. Strategic Management Journal, 1999, 12(1): 17-31.

[202]Kostova T., Zaheer S.Organizational legitimacy under conditions of complexity:the case of the multinational enterprise[J].Academy of Management Review, 1999, 24(1): 64-81.

[203]Gomes L., Ramaswamy K.An empirical examination of the form of the relationship between multinationality and performance[J].Journal of International Business Studies, 1999, 30(1): 173-187.

[204]Gooderham P.N., O.Nordhaug, K.Ringdal.Institutional determinants of organizational practices:Human resource management in European firms[J]. Administrative Science Quarterly, 1999, 44: 507-531.

[205]Capron L., J.Hulland. Redeployment of brands, sales forces, and marketing expertise following horizontal acquisitions: A resource-based view[J]. Journal of Marketing, 1999, 63: 41-54.

[206]Berger A. The Integration of The Finaneial Serviees Industry: Where are the Efficiencies? [J]. North American Actuarial Journal, 2000(36): 1-39.

[207]Devinney T.M., Midgley D.F., Venaik S.The optimal performance of the global firm:formalizing and extending the integration-responsiveness framework[J]. Organization Science, 2000, 11 (6): 674-695.

[208]Erik Dietzenbacher, Bert Smid, Bjorn Volkerink.Horizontal Integration in the Dutch Financial Sector[J].International Journal of Industrial Organization, 2000, 18(8): 1223-1242.

[209]Zajac E., Kraatz M.S., Bresser R.K.F.Modeling the dynamics of strategic fit:A normative approach to strategic change[J].Strategic Management Journal, 2000, 21(4): 429-453.

[210]Hoskisson R.E.，Eden L，Lau C.M.，Wright M.Strategy in emerging economies[J]. Academy of Management Journal，2000，43(3): 249-267.

[211]Young A..The Razor's Edge:Distortions and Incremental Reform in the People's Republic of China[J].Quarterly Journal of Economics，2000，115(4): 1091-1135.

[212]Andreas F.Grein，C.Samuel Craig，Hirokazu Takada.Integration and Responsiveness:Marketing Strategies of Japanse and European Automobile Manufacturers[J].Journal of International Marketing，2001，9(2): 19-50.

[213]Alfredo J.Mauri，Rakesh B.Sambharya.The impact of global integration on MNC performance:evidence from global industries[J]. International Business Review，2001 （10）: 441-454.

[214]Luo Y.Determinant of local responsiveness:perspectives from foreign subsidiaries in an emerging market[J].Journal of Management，2001（27）: 451-477.

[215]Yadong Luo.Organizational dynamics and global integration:A perspective from subsidiary managers[J].Journal of International Management，2002（8）: 189-215.

[216]Haiyang Li，Kwaku Atuahene-Gima.Product innovation strategy and the performance of new technology ventures in China[J].Academy of Management Journal，2001，44(6): 1123-1134.

[217]Wasilewski N.An empirical study of the desirability and challenges of implementing transnational marketing strategies[J].Advances in Competitiveness Research，2002，10(1): 123-149.

[218]Wasilewski N.An empirical study of the desirability and challenges of implementing transnational marketing strategies[J].Advances in Competitiveness Research，2002，10(1): 123-149.

[219]Fiona M.Scott Morton.Horizontal Integration between Brand and Generic Firms in the Pharmaceutical Industry[J].Journal of Economics & Management Strategy，2002，11(1): 135-168.

[220]Xu D.，Shenkar O.Institutional distance and the multinational enterprise[J]. Academy of Management Review，2002，27(3): 608-618.

[221]Alfredo J.Mauri，Rakesh B.Sambharya.The Performance Implications of a Global Integration Strategy in Global Industries:An Empirical Investigation Using Inter-area Product Flows[J].Management International Review，2003（2）: 27-45.

[222]Annukka Kiiski. Mobile Data Service Industry Structure: Walled Garden vs. Horizontal Integration[R]. Research Report of Networking Laboratory, Helsinki University of Technology, 2003.

[223]Anne-Wil Harzing, Arndt Sorge.The Relative Impact of Country of Origin and Universal Contingencies on Internationalization Strategies and Corporate Control in Multinational Enterprises:Worldwide and European Perspectives[J].Organization Studies, 2003, 24(2): 187-214.

[224]Patrick R.Parsons.Horizontal Integration in the Cable Television Industry:History and Context[J].The Journal of Media Economics, 2003, 16(1): 23-40.

[225]Yongsun Paik, J.H.Derick Sohn.Striking a balance between global integration and local responsiveness:the case of Toshiba corporation in redefining regional headquarters' role[J].Organizational Analysis, 2004, 12(4):347-359.

[226]Stephen Young, Ana Teresa Tavares.Centralization and autonomy:back to the future[J].International Business Review, 2004 (13) :215-237.

[227]Teegn H., Doh J., Vachani S.The importance of nongovernmental organizations (NGOs) in global governance and value creation:An international business research[J]. Journal of International Business Studies, 2004 (35) : 463-483.

[228]Tallman S.B., Geringer J.M., Olsen D.M.Contextual Moderating Effects and the Relationship of Firm-Specific Resources, Strategy, Structure and Performance among Japanese Multinational Enterprises[J].Management International Review, 2004, 44(1):107-128.

[229]Bai C.E., Du Y.J., Tao Z.G., et al.Local Protection and Regional Specialization:Evidence from China' s Industries[J].Journal of International Economics, 2004, 63(2):397-417.

[230]Gibbs M., Merchant K.A., Van der Stede W.A., Vargus.Determinants and Effects of Subjectivity in Incentives[J]. The Accouting Review, 2004, 79(2): 409-436.

[231]Sambharya R.B., Kumaraswamy A., Banerjee S.Information technologies and the future of the multinational enterprise[J].Journal of International Management, 2005, 11(2):143-161.

[232]Luo Y.D.Toward coopetition within a multinational enterprise:a perspective from foreign subsidiaries[J].Journal of World Business, 2005 (40) :71-90.

[233]Venaik S, Midgley DF, Devinney TM.Dual paths to performance:the impact of global pressures on MNC subsidiary conduct and performance[J].Journal of International Business Studies.2005, 36(6):655-675.

[234]Meyer K., Nguyen H.Foreign investment strategies and sub-national institutions in emerging markets:Evidence from Vietnam[J].Journal of Management Studies, 2005 （42）:63-91.

[235]Wright M., Filatotchev I., Hoskisson R.E., Peng M.W.Strategy research in emerging economies:Challenging the conventional wisdom[J].Journal of Management Studies, 2005, 42(1):1-33.

[236]Narayanan V.K., Fahey L.The relevance of the institutional underpinnings of Porter's five forces framework to emerging economies:An epistemological analysis[J]. Journal of Management Studies, 2005, 42(1):207-223.

[237]Richard E.Just, Siddhartha Mitra, Sinaia Netanyahu.Implications of Nash Bargaining for Horizontal Industry Integration[J].American Journal of Agricultural Economics, 2005, 87(2):467-481.

[238]Chen R., Cannice M.V. Global integration and the performance of multinationals' subsidiaries in emerging markets[J]. Ivey Business Journal, 2006. 70(3): 1-9.

[239]Cho Hyun-Jun, Jee Man-Soo.An Empirical Analysis on the Performance of Korean-invested Manufacturing Firms in China[J].Small and Medium-Sized Enterprise Research, 2006, 28(1): 119-140.

[240]Dow D.Adaptation and performance in foreign markets:evidence of systematic under-adaptation[J].Journal of International Business Studies, 2006, 37(2): 212-226.

[241]Wen K.L.Knowledge Integration and New Product Development in MNEs:A Subsidiary Perspective[J].Taiwan Academy of Management Journal, 2006(2): 282-300.

[242]David M.Brock and Ilene C.Siscovick.Global integration and local responsiveness in multinational subsidiaries:Some strategy, structure, and human resource contingencies[J].Asia Pacific Journal of Human Resources, 2007 （45）:353-374.

[243]Di Fan, Chris Nyland, Cherrie Jiuhua Zhu.Strategic implications of global integration and local responsiveness for Chinese multinationals:An area for future study[J].Management Research News, 2008, 31(12):922-940.

[244]Gregory Jackson, Richard Deeg.Comparing Capitalisms:Understanding Institutional Diversity and Its Implication for International Business[J].Journal of International Business Studies, 2008（39）:540-561.

[245]Mike W.Peng, Denis Y.L.Wang, Yi Jiang.An Institution-Based View of International Business Strategy:A Focus on Emerging Economies[J].Journal of International Business Studies, 2008, 39(5): 920-936.

[246]Chen D., Li O., Liang S. Do managers perform for perks[J]. Ssrn Electronic Journal, 2010: 1-70.

[247]Phillips N., Tracey P., Karra N. Rethinking institutional distance: strengthening the tie between new institutional theory and international management[J]. Strategic Organization, 2009, 7(3): 339-348.

[248]Hongbin Cai, Ichiro Obara. Firm reputation and horizontal integration[J]. The Rand Journal Of Economics[J]. 2009, 40(2): 340-363.

[249]Estrin S., Baghdasaryan D., Meyer K.E.The Impact of Institutional and Human Resource Distance on International Entry Strategies[J]. Journal of Management Studies, 2009, 46(7):1171-1196.

[250]Chan C., Markino S., Isobe T.Does subnational region matter? Foreign affiliate performance in the United States and China[J].Strategic Management Journal, 2010（31）:1226-1243.

[251]Berry H., Guillen M.F., Zhou N.An Institutional Approach to Cross-national Distance[J].Journal of International Business Studies, 2010, 41(9):1460-1480.

[252]Martin Stephen, Jan Vandekerckhove. Leadership, Horizontal Integration, Bundling, and Market Performance in Price-Setting Markets:Integer Effects Matter[C]. 9th Annual International Industrial Organization Conference, 2011:1-26.

[253]Klaus Meyer, Yu-Shan Su.When To Localize? Integration And Responsiveness In Subsidiaries In Transition Economies[J]. European Academy of Management,2011(6): 1-42.

[254]Meyer K.E., Mudambi R., Narula.Multinational Enterprises and Local Contexts:The Opportunities and Challenges of Multiple Embeddedness[J].Journal of Management Studies, 2011, 48(2):235-252.

[255]Steven Balsam, Guy D.Fernando, Arindam Tripathy.The impact of firm strategy on performance measures used in executive compensation[J].Journal of Business

Research，2011(64): 187-193.

[256]Bamiro Olasunkanmi Moses，Otunaiya Abiodun Olanrewaju，Idowu Adewunmi Olubanjo.Economics of Horizontal Integration in Poultry Industry in South-West Nigeria[J].International Journal of Poultry Science，2012，11(1):39-46.

[257]Daniel Han Ming Chug，Matthew S.Rodgers，Eric Shih，Xiao-Bing Song.When does incentive compensation motivate managerial behaviors? An Experimental investigation of the fit between incentive compensation，executive core self-evaluation，and firm performance[J].Strategic Management Journal，2012（33）:1343-1362.

[258]Bernhard Swoboda，Stefan Elsner，Dirk Morschett.Preferences and Performance of International Strategies in Retail Sectors:An Empirical Study[J].Long Range Planning，2012(5): 1-27.

[259]Salomon R.，Wu Z.Institutional distance and local isomorphism strategy[J].Journal of International Business Studies，2012，43(4):343-367.

[260]Subhani Muhammad Imtiaz，Hasan Syed Akif，Nayaz Muhammad，Osman Amber.Bye to Vertical Integration and Welcome to the Horizontal Integration in the Textile Business[J].International Research Journal of Finance & Economics; 2012，98(9):139-144.

[261]Klaus E.Meyer，Saul Estrin.Local Context and Global Strategy:Extending the Integration Responsiveness Framework to Subsidiary Strategy[J].Global Strategy Journal, 2014, 4(1): 1-19.

[262]Xiaohui Liu，Jiangyong Lu，Amon Chizema.Top executive compensation，regional institutions and Chinese OFDI[J].Journal of World Business，2014（49）: 143-155.

[263]Young S.Current issues in international business:an overview[C].in Islam I.，Shepherd W.(Eds)，Current Issues in International Business，Edward Elgar，Cheltenham.1997.

[264]Concetta Galasso.Multinational Enterprises and Knowledge Spillovers in the Aerospace Cluster of Lazio[C]. Frederiksberg:DRUID Summer Conference，2006.

[265]Andersen T.J.，Joshi M.P.Strategic Orientations of Internationalizing Firms[C].Research paper，Center for Management and Globalization.Copenhagen Business School，2008.

[266]Feng L., Moodley K.Determinants of local responsiveness of FMNCS in mainland China[C]. Proceedings of 24th Annual ARCOM Conference, September 1-3, 2008:1003-1011.

[267]Prahalad C.K.The strategic process in a multinational corporation[D]. Unpublished doctoral dissertation, Harvard Business School, 1975.

[268]Child J.Organization:a guide to problems and practice[D]. London :SAGE, 1984.

[269]Anthony R.N., Govindarajan V.Management control system (9 edition)[D]. Irwin-McGraw-Hill, 1998.10.

[270]Flaherthy M.T.Coordinating international manufacturing and technology[R]. In M.Porter, Competition in global industries.Boston:Harvard Business School Press, 1986.

[271]Ghemawat P., Spence A.M.Modeling global competition[R].In M.Porter, Competition in global industries.Boston:Harvard Business School Press.1986.

[272]Porter M.E.Competition in global industries:A conceptual framework[R].In M.E.Porter, Competition in global industries.Boston, MA:Harvard Business School Press.1986.

[273]Naughton B.How Much Can Regional Integration Do to Unify China's Markets?[R].University of California, San Diego Mimeo, 1999.

[274]Michael Zschille.Consolidating the Water Industry:An Analysis of the Potential Gains from Horizontal Integration in a Conditional Efficiency Framework[R].Discussion Papers, German Institute for Economic Research, DIW Berlin, No.1187, 2012.

附 录

市场分割条件下中国企业横向整合战略选择、
管理模式与企业绩效关系的调查问卷

尊敬的先生／女士，

　　您好！非常感谢您抽空填写这份关于市场分割、管理模式与中国企业横向整合战略等内容的调查问卷。本研究属于华南理工大学工商管理学院蓝海林教授主持的国家自然科学基金重点项目"新形势下中国企业整合战略与动态竞争研究"的成果之一。本研究的主要目的在于通过深入分析中国企业在国内市场开展横向整合时，市场分割、管理模式与战略选择之间的关系及其对绩效的影响，从而为中国企业更有效地整合国内市场，提升国际竞争力提供理论指导。您若对本研究结果感兴趣，请留下您的邮箱，我们将把成果摘要发送给您。本问卷仅作学术研究之用，将对所有信息严格保密，请放心填写。本问卷既无标准答案，也无所谓对错，您只需根据实际情况进行填写即可，非常感谢您的支持与合作！

　　敬祝

　　　　事业顺利，身体健康！

指导教授：蓝海林 教授

博士研究生：罗芳

华南理工大学中国企业战略管理研究中心

● 以下内容请您在相应的位置打√或填入具体数字；如是电子版，请您在相应的选项上用红色标注即可

第一部分：基本情况

1. 贵公司的名称：_____
所在地区：_____ 省 _____ 市

2. 公司成立时间
□ 3 年以下　　□ 3 ～ 5 年以下　　□ 5 ～ 10 年以下　　□ 10 ～ 15 年以下
□ 15 ～ 20 年以下　　□ 20 ～ 30 年以下　　□ 30 年及以上

3. 公司的主营业务是：_____（请大致说明）

4.1）基于主营业务，贵公司在省外其他地区设有分支机构的类型（注：省外是指贵公司所在省以外的国内其他地区；若没有跨省业务，则终止作答）
□子公司　　　　□分公司　　　　□生产基地　　　　□办事处
□其他

2）基于主营业务，贵公司主要进入了哪个省份？（请选择一个您最熟悉的跨省横向整合业务进行填写）

_____

_____

3）基于主营业务，公司第一次在省外地区设立分支机构的时间距今有
_____ 年
□ 3 年以下　　　　□ 3 ～ 5 年以下　　　　□ 5 ～ 10 年以下
□ 10 ～ 15 年以下　　□ 15 ～ 20 年以下　　□ 20 年以上

4）基于主营业务，贵公司省外直接投资时所采用的主要方式：

□独资新建　　□合资新建　　□收购兼并

5. 近三年来，贵公司主营业务销售收入占总销售收入的比重大约为：

□ 95% 及以上　　　　□ 70%～95%

□ 70% 以下，且其他业务与主业在市场或技术上相关

□ 70% 以下，且其他业务与主业在市场或技术上基本不相关

6. 贵公司近三年的平均员工人数为 ＿＿＿＿＿＿＿ 人

□ 100 及 以 下　　　　　□ 101～300　　　　　□ 301～500

□ 501～1000

□ 1001～2000　　　　□ 2001～3000　　　□ 3000 以上

7. 贵公司近三年的平均资产额为 ＿＿＿＿＿＿＿ 元

□ 4000 万以下　　　　□ 4000 万～1 亿以下　　　□ 1 亿～4 亿以下

□ 4 亿～10 亿以下

□ 10 亿～20 亿以下　　□ 20 亿～50 亿以下　　　□ 50 亿及以上

8. 公司的所有制性质

□中央国有企业　　　　□地方国有企业　　　　□民营公司（中国大陆）

□合资企业　　　　　　□外商独资企业

□其他：＿＿＿＿＿＿＿＿＿（请说明）

9. 贵公司第一大股东的持股比例大致为 ＿＿＿＿＿＿% （请填具体数值）

□ 10% 以下　　　　□ 10%～20% 以下　　　□ 20%～30% 以下

□ 30%～40% 以下　　□ 40%～50% 以下　　　□ 50%～60% 以下

□ 60% 及以上

10. 贵公司的董事长和 CEO 是否为同一人？ □是　　　□否

11. 您的职位属于：□高层　　　　□中层　　　　　□基层
　　□其他 _____

12. 您任职于：□母公司　　　□子公司

13. 您的性别：□男　　　□女

14. 您的年龄：_____

15. 您的教育程度：□本科以下　　　□本科　　　□硕士及以上

16. 进入该企业工作年限：_____

第二部分：横向整合战略（若公司没有基于主业的跨省业务，此项不填）

名词解释：本研究所定义的横向整合战略是指，企业基于其主营业务开展地域多元化

一、全国一体化程度	非常不同意→非常同意						
1. 我们公司的生产或制造决策总是考虑到全国范围的市场	1	2	3	4	5	6	7
2. 产品质量与服务流程需要母公司来设计	1	2	3	4	5	6	7
3. 我们公司的产品都是以服务全国消费者为主	1	2	3	4	5	6	7
4. 公司完全使用全国统一的技术开发平台与管理系统	1	2	3	4	5	6	7
5. 我们公司的母公司与其他跨省分支结构是高度相关与依赖的	1	2	3	4	5	6	7
6. 我们公司的研发成果应用于全国子公司	1	2	3	4	5	6	7
7. 跨省分支机构经常从母公司采购原材料	1	2	3	4	5	6	7
8. 跨省分支机构的重要高层岗位主管是从母公司派驻过来的	1	2	3	4	5	6	7
9. 跨省分支机构的发展战略主要由母公司制定	1	2	3	4	5	6	7
二、地方化程度	非常不同意→非常同意						
1. 我们公司尊重及快速响应子公司所在地的个性化需求	1	2	3	4	5	6	7
2. 我们公司总是按照地方市场制定产品战略	1	2	3	4	5	6	7
3. 我们公司生产产品或提供服务在子公司所在地销售程度很高	1	2	3	4	5	6	7
4. 我们公司为适应地方市场而研发或修改产品的程度很高	1	2	3	4	5	6	7
5. 我们公司尊重地方的文化习惯，并体现在产品与服务中	1	2	3	4	5	6	7
6. 我们公司在子公司所在地有自己的研发基地，为当地研发	1	2	3	4	5	6	7
7. 我们公司根据地方市场的营销差异化程度很高	1	2	3	4	5	6	7
8. 跨省分支机构的高层和中层主管是本地人的比例高	1	2	3	4	5	6	7
9. 跨省分支机构配合地方政府不同政策的程度很高	1	2	3	4	5	6	7

第三部分：管理模式

请您根据贵公司在国内市场开展跨区域的横向整合过程中的实际情况，对企业横向整合管理模式进行评价。

一、母公司对跨省分支机构的集权程度	低——高						
1. 母公司对跨省分支机构的战略管理权力的集权程度	1	2	3	4	5	6	7
2. 母公司对跨省分支机构的投资管理权力的集权程度	1	2	3	4	5	6	7
3. 母公司对跨省分支机构的财务管理权力的集权程度	1	2	3	4	5	6	7
4. 母公司对跨省分支机构的人事管理权力的集权程度	1	2	3	4	5	6	7
5. 母公司对跨省分支机构的信息系统管理权力的集权程度	1	2	3	4	5	6	7
6. 母公司对跨省分支机构的营销管理权力的集权程度	1	2	3	4	5	6	7
二、母公司对跨省分支机构的绩效评价	非常不同意→非常同意						
客观评价							
1. 母公司进行绩效评价时，非常看重跨省分支机构的盈利能力	1	2	3	4	5	6	7
2. 母公司进行绩效评价时，非常看重跨省分支机构的偿债能力	1	2	3	4	5	6	7
3. 母公司进行绩效评价时，非常看重跨省分支机构的经营效率	1	2	3	4	5	6	7
主观评价							
1. 母公司进行绩效评价时，非常看重跨省分支机构的发展潜力	1	2	3	4	5	6	7
2. 母公司进行绩效评价时，非常看重跨省分支机构在当地顾客满意度的提高	1	2	3	4	5	6	7
3. 母公司进行绩效评价时，非常看重跨省分支机构的内部关系贡献度	1	2	3	4	5	6	7

三、母公司对跨区域分支机构高管的激励	非常不同意→非常同意						
显性激励							
1. 跨省分支机构高管是否持股	□集团股份 □不持股 □子公司股份						
2. 与同行业企业相比，跨省分支机构高管持股处于行业内较高水平	1	2	3	4	5	6	7
3. 与同行业企业相比，跨省分支结构高管年薪处于行业内较高水平	1	2	3	4	5	6	7
4. 与同行业企业相比，跨省分支机构高管奖金处于行业内较高水平	1	2	3	4	5	6	7
隐性激励							
5. 与同行业企业相比，跨省分支机构高管有较多晋升母公司高管的机会	1	2	3	4	5	6	7
6. 与同行业企业相比，跨省分支机构高管有较高权限进行在职消费	1	2	3	4	5	6	7
7. 与同行业企业相比，跨省分支机构高管有较高的住房补贴	1	2	3	4	5	6	7

第四部分：公司绩效

公司开展基于主业的跨省横向整合（并购、新建、战略联盟）后，与竞争对手相比：	非常不同意→非常同意						
1. 公司的销售额增长很快	1	2	3	4	5	6	7
2. 公司的市场占有率增长很快	1	2	3	4	5	6	7
3. 公司的利润率增长很快	1	2	3	4	5	6	7
4. 公司的投资回报率很高	1	2	3	4	5	6	7
5. 公司的资产额增长很快	1	2	3	4	5	6	7
6. 公司对产品的成本控制很好	1	2	3	4	5	6	7

您若对本研究的结果感兴趣，请留下您的邮箱：

问卷到此结束，烦请您再次检查是否填答完整，由衷感谢您的参与和帮助！